U1073649

心理学交流辅导丛书

师生对话案例集

SHISHENG DUIHUA ANLIJI

赵立平 著

中国环境科学出版社 · 北京

图书在版编目（CIP）数据

师生对话案例集 / 赵立平著． -- 北京：中国环境科学出版社，2012.2
（心理学交流辅导丛书）
ISBN 978-7-5111-0803-6

Ⅰ．①师… Ⅱ．①赵… Ⅲ．①中学生—心理辅导—案例 Ⅳ．①G479

中国版本图书馆 CIP 数据核字（2011）第 246256 号

责任编辑 郭媛媛
助理编辑 李雅思
责任校对 扣志红
封面设计 马 晓
版式设计 何 为
插图设计 何 为

出版发行 中国环境科学出版社
（100062 北京市东城区广渠门内大街 16 号）
网 址：http://www.cesp.com.cn
电子邮箱：bjgl@cesp.com.cn
联系电话：010-67112765（编辑管理部）
发行热线：010-67125803，010-67113405（传真）
印装质量热线：010-67113404

印 刷 北京中科印刷有限公司
经 销 各地新华书店
版 次 2012 年 2 月第 1 版
印 次 2012 年 2 月第 1 次印刷
开 本 880×1230 1/32
印 张 4
字 数 85 千字
定 价 20.00 元

【版权所有。未经许可，请勿翻印、转载，违者必究。】

序

在20多年的教育生涯中，曾多次听到班主任及任课教师与学生对话，老师说一句，学生说一句，话还没说两三句，彼此就开始面红耳赤；曾巧遇班主任与学生谈话，话没说到一半，学生就夺门而出；更有甚者，师生对话变成一场争论不休的叫喊，最后老师以无语结束；有时，班主任虽能与孩子心平气和谈上半天、一天，甚至好几天，按常理说问题该解决了，但是问题不但没有解决，反而把老师累得很惨，最后的结果是师生双方采取冷冻彼此的方式；还有一种情况是因为师生谈来谈去，家长也卷进其中，频繁进出学校，但最后问题也没有得到顺利解决，家长只好领孩子回家了……

面对这些情况，我思考许久，能不能寻找一些对话技巧，让所有想通过说话、谈话、对话就可以解决问题的人尽可能的都学会交流，都会对话和说话。此时，我庆幸自己接触到了心理学，收获了很多有关谈话、对话和说话的交流技巧。本书通过20个案例给班主任、任课教师或家长一些具体操作的提醒，也算是满足自己一个多年以来的小心愿。

教育部课题研究有“十五”、“十一五”计划安排，为此，也为自己制订了第一个五年计划。有了这计划，做起事来便不会茫然无序。五年来，我在学校接待学生的案例300余件，个案之间既有很多相同之处，又存在很大差异。我们常听人说，一把钥匙可以开多把锁，但在个案辅导中，是一把钥匙只开一把锁。回头细读这300多个个案辅导记录，确实有很多值得深思的东西，于是我筛选出了20个经典案例汇集成册，算是自担任心理辅导教师工作以来的实践汇总，也是对自己5年来的一个总结。我主张“工作分轻重缓急，短期规划与长期规划协调并举”，这样做既是为了让自己做事有章可循，也是对自己惰性的一种防范。

心理学在中国应该是一个新鲜事物，在学校里更是如此。很多人对心理学知识了解甚少，认为凡是去找心理老师谈话，或者进“咨询室”的人都是有毛病的人。甚至还有人说，学心理的人脑子也有问题。面对这样的僵局，有很多学生不但没有怀疑，反而勇敢地走近了我，走进了由我设计的“知心小屋”，把自己的困惑、不解、压力及迷茫，把与老师、家长、同学之间的不快，轻松地讲给我听，他们在与我的交流中改变并成长着。有的同学甚至开始对心理学感兴趣，并立志以后考大学也要报考心理专业。更让我欣慰的是，经过辅导的300多学生如今都已走出母校，考入各大专业院校，他们在网络平台和手机短信交流中说:“老师，没有您，就没有我的今天！”

心理学教师，需要一个起步，但更需要的是选择和坚持。万事开头难，需要自己加倍的努力才会做出成绩。现在心理教师在职称评定和评价方面还没有相应的具体政策，这让很多老师徘徊犹豫，我也曾经踌躇过，但经过多次思考，于2006年辞去了心爱的班主任工作，毅然决然地选择了做心理辅导老师，因为我觉得帮助一个孩子改变认知，改变对人、对周围环境、对社会、对自己的看法及评价，同教孩子如何学习数理化一样重要。我们心理辅导老师从哪里切入，切入什么内容，怎么切入，切到哪里，在哪里和风细雨，在哪里循循善诱，在哪里斩钉截铁，在哪里戛然而止，我们怎么质疑，我们怎么追问孩子，我们怎么把正确的东西植入孩子心灵等，这些都需要技巧。再有，做心理辅导老师，不仅解放着他人，也同样解放着自己，我用五年的“对话”，演绎着二十年来对教育的忠诚和对学生的尊重。面对周围人的曲解，我们怎样才让自己前行的脚步走得更铿锵，站得更坚定、更有力量，唯有把握这些听话、说话和对话技巧及技术，才能让为人师的自己更有能量和魅力，真正成为孩子们成长过程中的引路人！所以，我想和正在这条路上行走的心理辅导老师，或者即将担任这个职务的未来心理辅导老师们分享我工作中的一些经历——我们看似孤独，却并不孤独，且在真实践行着内心纯朴、平凡的良知教育。一个真正的优秀教育者，应该是一个能做成常人不能常做的事。

通过本书，我想给班主任、任课教师及家长提供一些素材。这几年来，通过与班主任、任课教师、家长和学生接触，我感受到会说话与说对话在我们日常交流中是多么重要。本书精选 20 个案例，再现的是真实的师生对话过程，因案例中同学背景、成长经历、个性特征存在很大差异，因而他们的困惑也存在很大差异，老师和家长们从辅导过程看，就能明白一个道理——与孩子对话的过程，就是老师和孩子自我提升的过程。也就是说，孩子与我们交流的过程，也是孩子自我认知辩论，自我表达调整，乃至自我成长的过程，也是辅导老师从幼稚到成熟的过程。在案例交流中，慢慢体会到孩子们的眼神、表情、动作以及说话的内容，会发生小小的变化，而这些小小的变化，恰恰就是我们心理辅导老师依托心理辅导技术引领孩子，期待出现的那种状态。当我们捕捉到这些状态的时候，我们会有一种“发现新大陆”的感觉，那时候的我们的感受是快乐，是很多人无法体会到的那种助人后的幸福感。这也正是心理辅导工作的真正意义所在，因此，我渴望把这份来自我内心真实的感受与大家分享。

在此我真诚地提醒各位老师和家长：虽然我们说的话、做的事都是为了孩子们好，可是孩子们却不一定领我们这个情，甚至有可能对老师的教育怀恨在心。的确，一个会说话的老师、家长和领导，能够赢得学生和老师的信任；而一个不会说话，不会听别人说话，或者说不对话的老师、家长或者领导，就有可能招来学生的顶撞和无礼的反击。另外还有些老师、家长，甚至某些领导抱怨说：我们该怎么和这代孩子们说话？请专家给我们支支招吧！其实问题很容易就能被发现：在我们开始与孩子对话的时候，我们的姿态就出现了严重问题。

读完这 20 个案例后，假设您面前就有这么一个学生，您可以自己发挥，试着去和学生对话，如果您觉得这种模仿还不够直接，您可以套用我的原话，我案例中怎么说，您就可以怎么说，这样可操作，见效快。说多得再好，不如您尝试一下，效果一定好。

出版本书的目的是告诉大家：对话是有技术的。对话不是随便聊天，不是闲谈，不是坐在那里，耗掉两三个小时就草草了之的工作。是两种认知突然相遇，是两种思维的较量，是两种能量甚至是心灵的相互博弈。您品读这 20 个案例后，会明白心理辅导从头至尾是有层次的——首先要建立一种信任关系；其次引导学生暴露问题；再次和学生一起探讨解决问题的有效方法；最后要学生在与老师对话过程中，尽可能的让学生达到自我反思，从而使自己找出自己的问题所在。而这几步走的操作，完全要依托心理辅导老师对整个对话的掌控。无论您是任课老师、班主任，还是心理辅导员，要实现对学生的顺畅辅导、成功引领，信任关系是唯一且必需的。

文字是平面的，对话是立体的，您只要认真阅读对话过程，认真想象和体会对话的情境，就可以呈现一个师生对话的画面——想象作对话的场景：她的面容、眼神、嘴角、语音、语调，就是她的整个神态是怎样的，做到这些，您可能慢慢体会原来关系建立如此简单！

总之，心理辅导的简单、便捷且好用的技术就体现在这些案例的字里行间。为了训练大家的技术和技巧意识，我在每个案例后面都提出了相应的问题，以便强化、加深印象，让对话技术尽快成为每位同仁的技能。另外在后记中注上了常用的辅导方法和注意事项。

多年以来，我深切感受到会说话、说好话和说对话，是一种能力，也是一种品行，更是为人师的一种境界。希望这本书能给您一点帮助或者启发，但同时也需要各位教师在实践中不断检验和亲自考证，您的建议和评判都将是我前行的动力。

最后，借本书出版之际，感谢顺义区教委和我校领导一直以来的大力支持，感谢顺义区心理同行的信任与鞭策，感谢郑日昌教授、杨忠建老师及名师工作室的无私引领和指导。特别鸣谢张流、赵卓、张渝鸿、张莹、梅洪建、裴年忠、袁章奎等全国各地朋友的支持和帮助。感谢中国环境科学出版社的各位编辑对本书的用心策划。在此对大家特表谢忱。

赵立平

2011 年 10 月 1 日

目录

案例1

在对话中教会学生思考

引言

“人唯有思考，令其强大。一念天堂，一念地狱，思考决定了人生的高度。”100多年前康德说过一切哲学始于批判，康德谈起他的年代这样说：“我们的时代特别是一个批判的时代，一切事物都必须接受批判。”我们的年代也难逃这样的审查。当我们步入一个日新月异的后工业世界的高速轨道，一切可以通过商业定制，从衣食住行到你的日常思维。思考日渐萎缩，批判性的思考更见稀缺，这是知识日渐平面化与大众传媒无孔不入带来的结果，是现代人网络化生存的痼疾。唯有培育批判性能力，使独立的、批判性的思考成为习惯，才能在这个变革、危机错综复杂的世界中保持清醒。

作为心理辅导老师，我们能敏感地意识到我们身上的责任：教会学生如何思考！

辅导过程

一个灵气的小女生，个子不高，大眼睛，稚嫩的面孔，但看上去很乖巧。她是第三次来求助。

生：老师，我和我们班两个男生好上了。第一个是尚林（化名），第二个是季想（化名）。我和尚林好的时间长。和季想好才刚两周。和尚林时分时和，和季想还没有太明朗。但我收过他们俩的短信，内容大概差不多，都是让我和对方分手，而且都说自己今后如何珍惜我。面对他们的短信和他们对我的好，我不知道我该怎么办。心里很难受很难受。

师：还需要补充什么吗？

生：没有。

师：好。那老师问你一个问题，你要如实回答。

生：嗯，我会的。

师：请你分别说说他们的优点。

生：尚林为我考虑很多，很照顾我，很体贴人。

师：还有别的优点吗？

生：还经常给我买吃的，买用的。

师：还有别的优点吗？

生：嗯，说不好了。

师：你用心想想，男生身上最可贵的品质能有哪些？

（这里辅导老师最有发挥的空间。）

生：嗯（她抬头看了我一眼，有点不好意思）……

师：大胆地说吧，老师为你保密的。

生：（学生若有所思）细心，大度，会照顾人。

师：还有别的品质吗？

生：我暂时就能说出这么多来。

师：那好。老师给你提个醒。男孩子要不要自信？

生：要。

师：要不要自控力？

生：要。

师：要不要坚强？

生：要。

师：要不要责任感？

生：要。

师：要不要果敢、勤奋、努力等品质？

生：要啊。这么多呢。

师：对啊。你没想到这些吗？

生：没想到。

师：呵呵。好，现在你想到了吧。以你自己的认知水平判断一下，谁具有的多一点呢？

生：嗯。季想吧。

师：你考虑过了？

生：嗯。

师：好，下面第二个问题：你与他们交往，获得了哪些成长？

生：就是觉得他们对我很好，感觉很开心。

师：你的身份是什么？

生：学生。

师：那你作为学生，你和他们交往，获得了哪些成长呢？

生：嗯……说不上来。

师：介意老师给你提醒吗？

生：不介意。

师：你自从跟他们交往以来，你的学习提高了没有？

生：没提高，下降了。

师：你的学习生活受到影响没有？

生：您能解释一下吗？

师：就是你能不能按你的计划做自己的事。

生：不能。有时候他们一个短信，我就动摇了。本来在写作业，可以一看到短信就很闹心。我自己也想不该去，可是就是控制不了自己。

师：你的人际关系如何？也就是说老师和同学对你看法有没有什么微妙改变？

生：我发现很多女生都不愿意搭理我了。老师上课也不愿意叫我回答问题了，老师还找过我谈话。

师：老师说什么了吗？

生：老师说他们贪玩，没有自控力。

师：你有什么不足呢？

生：也没有自控力。

师：再想想，还有什么不足。

生：学习不努力了。

师：呵呵。你有什么打算吗？

生：老师，我明白怎么做了。谢谢老师！

师：很难得我们一起分享了你的一些内心感受。老师给你一些建议，你愿意听吗？

生：愿意，愿意，您说吧。

师：谢谢你对老师的信任。老师建议你：今后遇到问题后这样思考：（1）我遇到了什么问题？（2）我自己能否解决好这些问题？（3）这些事给我带来了什么影响（同学、老师、家长怎么评价我）？（4）我的学习和生活是不是被打乱了？（5）作为学生我收获了什么？

这种收获让我心安吗？

生：谢谢老师。我回去再好好想想……

辅导反思

目前中学生有很多困惑，有的困惑是暂时的，有的是长期的。有的是交往困惑，有的是学习方法困惑。如何看待这些困惑，却跟我们的思考息息相关。

任何一个人，在生活中、学习中、工作中等方面都会遇到各种各样的烦恼和问题，有的人选择了抱怨，有的人选择了继续，有的人选择了倾诉和求助。案例中的女生选择了求助心理辅导老师，通过老师的追问和引领，她慢慢会从“困境中”走了出来，相信她在对话中，获得了很多。每次一问一答都是对学生头脑中固有的、局限的思维的冲击和颠覆，同时也在训练学生如何思考问题，使学生原本杂乱，甚至从来没有涉及的问题，达到水落石出的目的。

如何进行思考的训练呢？

第一步：接纳问题，这确实是个问题。

第二步：我自己能否解决？如果能，我该怎么解决？

第三步：如果不能解决，我该找谁去解决？

第四步：这些人或者这些事，给我带来了什么影响（涉及学习、工作、生活、人际关系及个人未来发展等）？

第五步：这件事，这个人，让我明白了什么道理？

思考是一种能力。不会思考，小事弄成大事，忙乎很久却效果甚微；会思考，繁杂变成简单，快捷高效，成就自己。

另外，在辅导过程中还要清晰以下几点：

第一，通过交谈，辅导老师迅速辨别困惑的种类。

第二，要迅速反应出学生困惑的症结点在哪里？

第三，找好突破后，循序渐进追问，但前提是要追问那些与解决本问题相关信息。必要时，直接追问有当事人最在乎的信息。

这也是我们辅导老师和一切想助人助己的引导者必须具备的专业技能。

案例 2

我学会了选择

辅导过程

清丽的佳齐（化名）走进了我的辅导室，声音低沉地说了一声“老师”，随后，委屈地哭起来……我急忙站起身来，上前拉住她的手，轻声地说“怎么了？先坐下，慢慢说。”

生：老师，这段时间我总想哭。

师：哦，那你能否描述一下想哭时候的心理感受？

生：能。

师：好。别着急，慢慢说。

生：每天进班的时候，我感觉很压抑，心情很不好，看到大家都在学习，我又想到我的成绩，想到我要是考本科的话，我还差好多好多分呢。一进班里，我就想到这个问题。我感觉无助无奈，感觉自己什么都不行，所以就想哭出来。

师：哦。你刚才说，你要考本科还差好多分呢？是这样吗？

生：嗯。是的。我很没有信心。

师：那咱们一起来看看差多少？

生：我是学理的，我的成绩都很一般，没有突出的，而且我见到数学、化学、物理、生物就头疼，我感觉我很笨，我怎么都学不明白。

师：那你能学明白什么学科呢？

生：语文、外语。

师：好。老师给你讲一个例子——现在有两种跳高测试，一种是1米高，另一种是2米高。要求是自由选择。两种测试各有自己的评价标准。以你现在的水平你最多只能跳1米，你的目标最理想的结果也是跳过1米。那你该怎么选择属于自己的测试方式呢？

生：我只能选择第一种测试。

师：为什么呢？

生：因为第一种适合我的能力。如果我选择了第二种，那我注定失败，并且没有任何意义。

师：好，说得很好。

生：谢谢您的夸奖。

师：呵呵，不用客气，你回答得真的不错啊！那老师继续问你一个问题。如果你考本科的话，这个目标和选择类似哪种测试方式呢？

生：哦，老师，我明白了。我是不是目标太高了？我适合考专科，达到不了本科的水平，我为什么非要挑战我无法实现的目标呢？听您这么一说，我感觉我的目标能改一改，我调整一下，再确定一个适合我自己能力水平的目标。

师：呵呵。调整目标后自己感觉一下好吗？

生：好的。如果再有问题，我再来找您。

师：好的。

我们的谈话在半小时内结束了。佳齐满脸笑容地道谢后离开了办公室。

辅导反思

辅导老师在接受这类学生辅导时，首先要以一种良好的姿态来迎接学生。参加过心理辅导培训的老师都知道，学生与辅导老师的关系是决定辅导是否成功的关键因素。而良好的师生关系的建立，很大程度上是师生见面的第一感觉。而这个第一感觉就是我们心理学上讲的首因效应，要运用首因效应很好地为辅导工作服务。

其次，要有提问的能力。恰当的提问可以让学生有效地捋清自己的思绪，在倾听老师提问的过程中，自己会思考回答方式和内容，这个过程就是学生认知改变和思维改变以致会引起行为改变的过程，也就是辅导的精髓所在。

再次，要有捕捉信息的能力。学生来辅导的时候，大多数情绪低落，思绪不清晰，因此他们叙说的时候，一般不会提炼自己要表达的内容，在语言上可能杂乱无章，没有层次，甚至要牵扯很久以前的事情，是因为他们对人和事看得不够清晰。如果辅导老师缺乏捕捉信息的能力，会遗漏信息，以致影响对问题的把握和判断。

最后，辅导老师要有丰富的理论基础，要有熟练的心理辅导技术，要会倾听，会共情，会推理，会举例，会归因，要会幽默。如此，学生会有“听君一席话，胜读十年书”的感触。

案例 3

拨云见日

辅导过程

这是一篇高中学生网络空间里的日志内容：

“你配当老师吗？无论你的学历有多高，在我心里你就很普通！

无缘无故发脾气，立权威，我们也是人，倚老卖老！高三的五个月中，你要是把我惹急了，我就不学你那科了！

每次你损学生！当一个老师就了不得了！知道为什么很多人不喜欢你吗？

在办公室里对我说：‘上专科就可惜了！’独自跟我聊的时候，跟我说学专科！虚伪！假！表里不如一！觉得你不配做教师！”

“到底出现什么差错了？请快速回复老师信息。我今晚在线等你。”

（这就是一个辅导老师对信息的捕捉。）

大力（化名）用短信与我约好今天中午来我这里接受辅导。

大力：赵老师，我又给您添麻烦了。

师：呵呵，理解万岁！不要客气了。请坐啊。

大力：真的很感谢您每次听我诉说。

师：我很高兴你让我听你的故事啊。

大力：呵呵。

师：今天要给我听什么故事呢？呵呵。

大力：您看我的空间了吗？

师：看了，让我很吃惊。是否愿意详细叙说给老师听？

大力：周三早上第一节课，数学老师发下来一张卷子，并当着全班同学的面对我说："你做题这么少，还能考哪里啊？你是无药可救了！"我看了看我的卷子，说实话，我确实做的少了些，但是老师可以换一种方式对我说。您知道我当时的感受吗？我心里很难受，无名之火袭上心头。如果是第一次我可以忍下去，可是，这是数学老师说我第十多遍了，他才教我不到一年，就当着同学的面说我这么多次。我认为他是老师，有涵养、有方法、有耐心，但是对我，怎么看不出来他有涵养、方法、耐心呢？他有的是急躁、粗鲁、山穷水尽、黔驴技穷。所以那天上午，我在我的空间里写下了那段话。我真的愤怒了，当时我只有写出那些话才舒服，才解心头之恨。您能理解我写那段话那时的心情吗？

师：很理解。因为你是学习委员，你是团支部书记，你是物理课代表。你在班级内很有影响力。你认为老师应该找一个合适的机会和你单独谈，或者你希望老师能巧妙地运用别的语言替代这句让你无法接受的话。老师这样做，丢了你的面子，你害怕在同学间失去威信，你很在意同学、老师对你的看法。你很在意周围的人对你的评价。所以，数学老师这样做，让你心灵受到伤害。老师也感觉心里不是滋味，赵老师也很理解你当时的感受。

大力：谢谢赵老师。

师：不客气。现在你的心结解开了么？你还像昨天那样愤怒吗？

大力：不是了。我现在很平静了。

师：好。但老师还要和你继续聊一聊昨天的事情。可以吗？

大力：没问题。

师：呵呵，你开心多了。好，先回答老师一个问题。

大力：你问吧。

师：呵呵，你要如实回答啊！

大力：我会的。您能了解我的。

师：嗯，老师很信任你的。请你说一说数学老师的优点都有哪些。

大力：很负责任，认真。

师：还有吗？

大力：没有了。

师：再想想。

大力：真的没有了。我们大多数同学都认为他急躁，没有方法，爱较真，不灵活，他太年轻了。

师：呵呵，咱们今天就说他优点。

大力：好。

师：愿意继续谈这个话题吗？

大力：愿意愿意。

师：很负责，认真。很负责说明什么呢？

大力：说不好。

师：仔细想一想，生活中谁对你负责？

大力：父母、老师。

师：真的吗？你确信你的回答吗？

大力：确信。

师：嗯。老师再问你第二个问题。生活中你喜欢对你认真的人，还是喜欢对你不认真的人?

大力：当然喜欢对我认真的人啊。

师：是发自内心的吗?

大力：是的。

师：我似乎记得你在开始和老师叙说的时候，你对你的数学老师是憎恨的，是愤怒的。你的情绪、情感前后似乎是矛盾的。

大力：我明白我该怎么做了。我没有理解老师对我的那片心。他说我很多次了，我辜负了他的期望，致使这次说得我这么狠。

师：需要提醒你的是，在老师说你三次后，你就该主动找老师去沟通。如果确实是老师的问题，你可以寻求其他渠道获得帮助，比如你可以和班主任交流，希望班主任帮你解释。或者请求别的班委帮忙沟通。另外，回去思考面子问题。面子不是解决问题的借口和理由。老师说这些话，有三层含义：一是要善于寻找解决问题的合适方法；二是要重新理解你为什么活着。三是谁有益于你的成长。

大力：好的。

这次辅导从12:00一直到13:20，谈话结束后大力从容自信地走出了办公室，远远地还在对我说："谢谢老师啊！"这次辅导从看着他远去的背影，我心里的那份不安消失了。

辅导反思

要引导孩子学会表达。大力是一个受过良好教育且内向的孩子，他很多时候考虑别人的感受，很看重面子问题，所以有时候与同学或者老师有了矛盾，不敢直接表达。中国的传统教育就是，老师如同家长，不能顶撞。不尊重老师就等于不尊重家长。所以，一个矛盾没有得到及时解决，时间一长，矛盾增多，学生总希望老师理解自己，老师总希望学生能明白老师的意思。两个人都认为对方能如何做，但事实却不能这样做。犯了主观臆断、乱贴标签、贴错标签、夸大问题等错误。

既然发现了学生的思维存在错误，那我们就要传递一种正确的思维方式。在辅导大力的过程中，我时刻都在传递着一种有意义的信息：一个是换位思考；一个是培养自己的一种意识——注意在关键时候把问题处理掉，否则就是今后学习和生活的包袱。如果不及时放下，我们的身心会感到疲惫的。

罗杰斯的人文关怀理论强调“每个人都有自我完善的潜力”。辅导老师要相信每个学生都有善良的价值观，虽然表现出来的情绪是消极的。我们辅导老师就要帮助孩子挖掘人善良的一面，让学生在老师的引领中思考，在思考中理清思路，矫正错误认知，获得真正成长。

案例 4

原来我并不孤独

辅导过程

高二文科班的小林（化名），因为失去一个要好的朋友，不但影响自己的心情，还导致学习成绩直线下滑。特别是最近几天，她感觉胸口好憋闷，感觉出不来气，总想回家……

于是小林找到了我。

她小心翼翼地敲着门，我下意识地回答："请进，请进。"边说边起身开门。门开了，小林满脸愁容，缓慢地走进我的办公室并和我打了声招呼："老师好。"此时的我，已站在门口伸出了右手。我拉着她的手亲切地对她说："请坐。"

师：你好。你希望老师在哪些方面帮助你呢？

小林：我有一个好朋友不理我了，结果我们宿舍的其他同学也不爱理我了。我感觉很难受。

师：你的好朋友是男生还是女生？

小林：是女生。

师：你知道你的好朋友为何不理你吗？

小林：知道的。

师：能否和老师谈一谈呢？

小林：能。

师：那好。慢慢说，别着急。

小林：我在我的空间里写了我的心情，我是这样写的：我很相信小红。小红是我的好朋友，我永远顶你。后来我在小红的空间里发现了这样一句话：外地人没好东西，根本不可信。说林某爱吹嘘，总说自己家里有钱。说自己住的是别墅，吃的，玩的，见过很多……

我是从外地转学来这里的。据我所知，我们班就我一个人是外地人。这帖子就在我好朋友的空间里出现了，分明就是在说我。而且第二天，我的好朋友真的不理我了，即使我主动和她打招呼，她也不理我。

师：你确定你的好朋友不理你了吗?

小林：我确信。

师：能说说吗?

小林：能。我给她写过一封信。她开始回我了，她的意思是不可能再相信我了。我又写了第二封信。她一直还没有回。我这几天一直在想，如果她不理我，我真的受不了。

师：受不了什么?

小林：因为我只相信她。她对我也真的很好。如果她不理我，我会感觉孤独，没有意思。我每天进教室的时候，第一眼就看她，可她不抬头看我，再加上班上其他同学对我不理不睬，感觉自己掉到了万丈深渊。

师：哦，老师能理解你的心情。你介意和老师谈一谈你的家庭情况吗?

小林：不介意。我家有四口人：父母，弟弟和我。但不是亲爸，弟弟是继父的孩子，我母亲和我父亲离婚后，就来继父家了。

师：父母关系如何？

小林：我觉得很好。

师：父亲和弟弟对你好不好呢？

小林：挺好的。

师：好，谢谢你对老师的信任。

小林：不客气。

师：呵呵。现在回到你朋友的这个话题上来。你对你的朋友确实了解吗？

小林：确实了解她，她真的是不错的女孩儿。我就相信她。

师：你和宿舍其他同学关系呢？

小林：一般，只是说话的份，没有深交情。

师：你有这样一位朋友够了吗？

小林：足够了。

师：呵呵，老师举个例子，你听听看——如果你就一身衣服，无论春夏秋冬，就这么一套衣服。你会有什么感觉？

小林：呵呵，我很难受。我不敢想象会是什么样子。

师：为什么有这个感觉？

小林：春天该穿春天的衣服，夏天穿夏天的衣服，如果冬天穿夏天的，那不是受冻吗？

师：人的一年只有一套衣服够不够？

小林：不够用啊。肯定不够用，谁都有很多衣服，至少每个季节有一套衣服。

师：呵呵。那朋友只有一个够用吗？

小林：不够用。

师：我记得你刚才说过一个朋友足够了。这似乎有些矛盾。能解释给老师吗?

小林：我似乎明白了。在远离父母的学校里生活，如同我们一年四季穿衣服一样。生活处处需要朋友，学习需要朋友，交流需要朋友。我能交更多的好朋友。老师谢谢您啊。我这下想通了。

此时，小林脸上的那份愁容早已消失得无影无踪了。相信她接受这次辅导之后，能真正地理解朋友的意义。

辅导反思

罗杰斯的人本理论相信人有自我完善的潜能。除了自己以外，任何一个辅导者都要相信一个需要辅导的人有能力解决生活中的一些小问题。但是，有些现实的复杂问题是需要外界帮助的。在外界有利的帮助下，学生或者接受辅导的人，无论在认知、情绪情感或者意志行为上都会获得不同程度的提高。

本案例的小林，虽然来我这里仅仅一次，但我相信小林在今后的生活学习中，会由接受老师的指点，再经过不断实践感悟，慢慢地改变自己的认知，从而改变自己的情绪，继而改变自己的行为，再产生新的认识、情绪、意志行为，达到一个良性循环，最终实现自我身心健康。

案例 5

拆掉思维里的墙

辅导过程

第一节课还没下课，我办公室的门就被轻轻地打开了。原来是星星（化名）。星星一进门，抱着我就哭了起来，我连忙放下手中的东西，询问她，并用手轻拍着她的后背说："怎么了，慢慢把经过说出来……"我边说，边把椅子搬到她的面前，随后坐下来继续着对话。

师：来坐到这里来，到底发生什么事情了？

生：赵老师，我很委屈，心里很难受，已经忍受好久了。

师：嗯，慢慢说，请慢慢把具体经过说一说。

生：嗯。在昨天晚自习上，我们班说话的人很多，负责看自习的老师告诉我说我们班某某、某某表现不好，要求我明天告诉我们班主任，我答应了。第二天早自习，老师一进班，就把我叫出了教室，随后就问我：昨晚班上的情况如何？我没想很多，就直接告诉了老师。结果班主任转头进班就开口大骂，我当时也很不自在。等下课了，老师离开了教室，那几个被我汇报的学生就开始骂我。我感觉我很尴尬，当时心里很不好受。

师：就这一件事情吗？

生：还有呢。我在我们宿舍也感觉到被孤立。我们几个人每天下晚自习都要洗澡，因为从进宿舍到熄灯，只有20分钟时间，如果一个人一个人洗，肯定洗不完，我们就自动组成两个人一组，没人和我一组，我每次都是最后洗。我们是八人一个宿舍，两两一组，我能和另外一个女生一组，但剩下的这个女生根本不和我一组洗，所以我们两个都是单独洗澡。每次最前面洗澡的同学总是拖延时间，故意给我们的时间很短。前几次我都忍了，后来我索性不洗了，等回家再洗。这是晚上，还有每天早上，她们一听见我起床，马上就有两个同学端着盆占上位置，其实有时候她们并不洗。我总是等着，因为我们有跑早操任务，我有时候脸都来不及洗就出去跑操，很不舒服。这个我也是忍下去了。总之我都想办法解决了，不和她们正面冲突。但是她们平时在宿舍或者在班上，还用那种不好的眼光看我，让我感觉很无助，很委屈，心里想我没做什么错事，你们凭什么这么对我。说句实话，真想和她们大吵一顿，但想到我是班长，不能跟她们一般见识。但是现在我不能总等回家去洗澡，早晨我不能总不洗脸就去跑操。再加上今天她们骂我，我心里实在承受不住了。我已经忍了很久，她们得寸进尺。我又不敢跟老师直接说这些事情，所以我才来找您。我该怎么办？

师：你反思过自己没有？

生：想过，但是没发现我自己有什么问题。

师：嗯，好，咱们一起分析一下这些场景。你向老师汇报工作，时机是否妥当？

生：我感觉不太妥当。但是老师把我叫出教室，所以我只能如实告诉他。

师：那你觉得哪个地方让你感觉很拧巴。

生：我觉得老师不能在我向他汇报完，就立即进教室大骂他们。我觉得老师的做法也存在问题。但我又不知道该不该对老师说。

师：你说说看，咱们一起分析一下。

生：我觉得我汇报完工作后，老师能隔一段时间再说他们，但没想到他会立即转身进教室就说。老师骂了他们什么，他们反过来就会骂我什么，甚至更不堪入耳。

师：嗯。按理说，班主任能知道班长是为班级服务的，并且明白现在做班长是有一定难处的，应该有保护你的意识。当然这种保护绝对不能是袒护。我说这话，你能明白吗？

生：能，是这样的。

师：你和班主任有过关于这些事情的沟通吗？

生：没有。我不敢说。

师：如果你不说，结果是什么样的呢？

生：就是现在这个样子。

师：你的感受呢？

生：很郁闷，很委屈。

师：现在和老师思考这样一个问题：你做到不说，是不是解决这个问题的最好方法。

生：不是。

师：说说理由。

生：我总是这样下去，我很难受，同学也一直误解我下去，其实我真的是为他们好。

师：是啊，那有没有别的好办法呢？

生：想不起来。所以才找您来了。

师：呵呵。现在我们再思考一个问题。

生：嗯。

师：你对他们真的好，他们感觉到了吗？

生：没有。否则他们就不骂我了。

师：呵呵，那你怎么才能让他们感觉到你的好呢？

生：嗯……还真有些困难，就是因为不知道怎么办才找到您的。

师：呵呵，好，咱们一起想想办法。你有要好的朋友吗？

生：有。

师：你怎么对待你朋友的？你朋友有问题，有错误，你怎么做的？

生：找一个单独的地方和他聊。

师：那你为什么不找人多的地方和他聊？

生：那他多不好意思啊。

师：哦，你说的还真有道理。

生：呵呵，谢谢老师夸奖。

师：再问你一个问题，你有没有过把你朋友的错误向老师汇报的经历？

生：还真没有过。

师：为何呢？

生：没有那必要。

师：为什么没那必要。

生：我们自己就能解决了，不必跟老师说这些，况且我要考虑到我朋友的面子。

师：好，说得很好。那你现在想通了同学为什么会骂你了吗？

生：嗯。老师，我回去还真需要好好想想去。

师：好啊。等你消息。

第二天中午，星星高兴地跑来了，告诉我一个惊人的消息：老师我真的从来没有思考过这个问题。我初中就当班长，也经常做所谓同学们说的“打小报告”，同学骂我，老师说我，费力不讨好，里外不是人，现在想起来还憋屈呢。其实最初我不想当班长，也就是因为这个原因，但是班主任找我说：“你以前在高一就是班长，还是接着干吧。”所以我就接受了。结果还是挨同学骂，班上一乱，就找我，我说不清楚时，老师就批我。看自习的老师一发现班上乱，就找我，让我记人名，然后第二天报告班主任。总是这样。昨天跟您交流，我感觉豁然开朗，感觉是很新鲜的做法。我想了想，我再试试看，用对待我朋友那样对待班上每个违反纪律的同学……时间过得好快，我们用两节课的时间结束了这次谈话。看似低效，但孩子却明白了很多。

辅导反思

心理学中讲感觉是我们关于客观世界一切知识的最初源泉。如果人丧失了感觉能力，那他就不可能产生认识，更不可能产生情感和意志。感觉还跟外界一切事物和状态作用于个体的方式、程度等直接相关。同样的刺激作用于不同的个体，感觉不同。因此感觉差异很大。

案例中星星对同学们的好，同学们却没有感觉到，不是同学们感觉出现了问题，而是星星的表达方法出现了问题。

案例中的班主任不该在班长汇报完立即就去解决问题，这种速达不是班主任故意的，而是班主任疏忽了一些“细节”，应该引起注意。

辅导老师要有意识把辅导目标简单化、单一化，以便学生清晰认知和行为定位。班主任的工作方法问题可以经“班委会＋班主任＋心理辅导老师”通过沙龙讨论做出有效协商和处理。

案例 6

成长需要引导

学生情况描述

门被推开了，进来一位女生，个子不高，头发很乱，头的右侧别着一个绿色的发卡，很大很大，与她的头比较起来，感觉有点失调。松散的马尾辫扎得很低，与棉服领子摩擦起来感觉很不利索；棉服的颜色焦黄焦黄的，棉服的领子上还有另外一种红色的附加领子，这个红色领子不但没有增添美感，反而有点多余；棉服上的拉锁敞开着，衣着歪斜；下身穿的是校服裤，很肥大，裤腿处还有点破，再与脚上的鞋子搭配，感觉很不得体。她的眼神也那么无奈，没有光泽，在她的眼里，看不到高一或者高二的青春少女的那般梦幻、幸福的甜美。

因为外边有别的老师。我们走进里屋，我招呼着让她坐下，她没有回应我，只见她徘徊了一阵，找了一个椅子侧着身坐下来，我一直在努力与她目光对视。大约 30 分钟过去了，我看到的却始终是她的右半部的脸庞。

辅导过程

生：老师，我感觉这个班的孩子很单纯，很幼稚，和他们聊不到一起。

师：你能举个例子吗？

生：就是很简单的事情。比如我上课不想搭理她，她还想说话，看不出来别人不想搭理她。真是幼稚！

师：还有什么问题？

生：还有调桌问题。我一直想不明白。因为调桌问题，我已经和老师说过我的想法，但是老师对我说，希望每位同学都有合适的座位。我听后，也就不再说什么了，还是忍着点。有一天我没来，晚上调桌了。我不知道，我是走读的。第二天早上来的时候，我已经到了倒数第二桌了。按我的个子不该在这里，我很矮，应在前面。况且我以前和老师说过，我想在前面。我不知道老师为什么把我安排在那里了？！

师：以前你还和老师特意说过此事，如果按身高安排的话，也不该是最后一桌。这种安排你感到突然，所以你感到很郁闷。

生：是的。

师：你学习情况如何？

生：我第二，上学期第一。

师：哦，老师眼里的佼佼者。

生：我倒没觉得。

师：那你能聊聊你们师生之间是如何相处的吗？

生：可以。我不太喜欢我们班主任的风格，班主任总是一天到晚笑面虎一样，乐呵呵的。我感觉我们班主任太小，太简单了，他想问题的有些方面还不如我们学生呢。

师：能举例说明吗?

生：比如，和我们总是严肃不起来，讲那些大道理，我们都听腻了。什么“上课一定要好好听讲，要好好学，上课别说话，别吃口香糖，吃一块，罚50块等”，我们听完这些话，照样该吃还是吃，该说还是说，该睡觉还是睡觉。他没有教给我们一些方法，都是一些命令性的东西，感觉没有什么说服力。甚至，和男生女生说话总是嘻嘻哈哈，没有威严的感觉，真受不了。

这个时候，我想起来，这位班主任曾经向我提起过他班有一个抑郁症的女孩子，是上届重读生，要不今年她该上高二了，说这位女孩子不和人接触，眼睛发直，神情恍惚。并说，等哪天有时间，建议让这位女生来找我。他说的是不是就是眼前的这位女生呢？我感觉八九不离十了。到此刻，我马上扭转了话题，并试着找切入点。这个切入点必须对她有帮助，而且让她尽量少提起对班主任的不满和抱怨。在认知心理学里，强调认识会影响行为和态度。如果不正确的认识得到强化，那么她脑海里就会固守那些错误的认识，如果没有一个正确引导，会越走越远，达不到辅导的目的。

师：说说你的感受好吗?

生：我很反感这个班级。反感这个老师，和这个班的学生，尤其是女生。

我要知晓这位女生有没有勇气或者有没有意向改变这种现状，或者是探知这位女生是不是真的有抑郁症倾向，或者想得知她是否是一个固执己见，不接受帮助的人。了解这些，才能慢慢实施我的辅导。其实这些想法和设计，都是在谈话中靠着敏锐的思维及时调整战略及对策。

师：你能不能再找老师谈谈你的想法。有时候次数说明不了问题，问题是你坚持没坚持，你再坚持一下，看老师如何。所有老师都愿意帮助他们的学生。

生：嗯，好的。

师：如果需要老师帮助，再来。

生：好的。我试试看吧。

师：还有别的问题吗？

生：有，就是有一天，我看一位女生，这个女生说“请别那样看着我，我害怕你的目光”，这让我大吃一惊。我什么目光啊？我特想知道我是什么目光。

师：呵呵。刚才记得你说过这样一句话——我感觉这个班的孩子很单纯，还不如小学生，尤其是女生，男生感觉直来直去，单纯点还好。可是女生这样，一点都坐不住，还总是上课说话，一点都不顾及别人的感受，我觉得女生能心细、内向、稳重、细腻，可是他们表现出来的是浮躁、夸夸其谈，真让人难以忍受。

生：是的。就是他们那种容易满足的心理，我感觉他们太幼稚了。就那么一个小要求，一点也没有大志。

师：打个比方。

生：比如人家谁给她一个小发卡，她就高兴得了不得啊。

师：这不好吗？

生：可是我真的看不过。我是重读的，我对以前的那个班感觉一般，甚至讨厌过。但后来到这个班来，感觉还是我们那个班好一点。这个班的孩子太肤浅了。

师：你认为什么是肤浅。

生：就是做什么不思考，或者思想简单。

师：还有吗？

生：还有一件事情，还是初中的事情，有一个绯闻的事情。有一天上学刚进班，很多同学就叫一个男生的名字。而且很多次，后来我告诉了老师，老师帮我调查出来了。把那个造谣的女生给揪出来了。

师：问题解决了吗？你和那女生的关系如何？还有那个男生之间关系如何，还有联系吗？

生：没有了。其实我们之间真的没有什么。直到前两天我才知道我怎么了。就是有一天我被一个男生推倒在另一个男生身上了，就此传出了绯闻。

师：哦。现在还有阴影吗？

生：有点，但是我能克服。

师：好。还有别的事情吗？

生：我总感觉学不下去，班上气氛让我窒息。

师：什么气氛，能具体一点吗？

生：比如我每天进班的时候，总感觉到一种眼神或者嘘声，让我感觉孤独无助。

师：呵呵。刚才我记得你说过，这些学生让你感觉很单纯、幼稚。而你的眼神和行为举止传递了一种信息就是你不接纳他们了。久而久之，你的言行就被他们定格为不接纳她们了。另外据同学说你学习好。学习好的同学，容易受到老师的欣赏，同学再欣赏你们，你们就更骄傲了。况且很多学生由于学习好，没有很好地把握自己的行为举止，趾高气昂，破坏了自己的人际关系。

生：是吧。

师：其实这个是每一个学习好的同学的困惑，优势劣势并存。

生：嗯。

师：你要善于分析自己的优势和劣势。我感觉你懂得很多。

生：是的。

师：懂得了，还要做。还要有变。还要善于把劣势转化为优势。很多时候，我们不了解自己，也不了解他人，也就是看不清楚自己和别人，也无从谈起改变自己；一些人知道自己，但不能改变自己；一些人是既知道自己，又能改变自己的人，这才是真正的聪明人啊。

生：是的，我就是那类知道却不改变的人。呵呵。

师：呵呵，很会自我洞察啊。是啊，上午高三来了一个学生说，自己害怕考试，一想起考试，心里就怦怦跳。总害怕自己作文写不完。你认为怎么样才能把作文写完？

生：就是要有足够的时间。

师：足够的时间是多少？

生：就是考试时间。

师：时间我们能改吗？我们不能控制时间的，我们不改变写的速度，还能做什么呢？

辅导反思

我们今天聊了很多，但是我感觉最先要辅导她的不仅是她的认知，她的外在形象也需要用心"辅导"一下。

根据心理学中的"暗示"艺术理论，"人的姿态决定人生"说法，我感觉很有道理，尤其在这位女生身上。就这位女生目前现状而言，通过辅导让她认识到自己的形象，比让她改变对老师和同学的看法还重要。

当然这个外在形象的改变也要通过认知来改变，也就是说，我的建议得到她的认可，或者说，我意识到的，她也确实意识到了，才能有想法去改变，进而采取行动改变。如果她依旧认为她的形象没什么问题，而且感觉还很好，那我今天或者以后，辅导她会出现僵局。庆幸的是，我们在交谈中，产生了共鸣，而且她兴奋地说，放假回家，她要改变发型！

有时候，辅导学生需要就事论事，但有时候需要我们迂回辅导——“醉翁之意不在酒”，同样还有“无心插柳”会达到辅导学生的目的。

孩子近况

来自班主任的信息：开学以来，感觉她比以前精神多了。变化最大的是头发。齐耳短发，干净利索。另外，她开朗了许多，脸上笑容比以前多了。

来自任课教师的感受；她比以前阳光多了。最大的变化是她把头发整理得很好。不再像以前那样蓬乱了，而且，穿衣服也比以前讲究了，以前总是感觉她不会穿衣服，特别是头发上的那个大发卡，别在她的头上感觉就像小丑。

来自同班同学的感受：一开学，发现她穿了一件新衣服，而且头发短了，感觉她像变了一个人，平时也有说笑声了。以前都不敢接近她，总觉得她是班里的另类，也不敢靠近她，很担心哪句话说得不中听就会激惹她发脾气大骂。最近一段时间，她能主动和同学们说话了，每天下课的时候，她不再呆板坐在自己的座位上，而和一位女生一起出去。以前总是独来独往，从来没看到过她身边有其他人。

自己的感觉：感觉自己比以前平和多了。下课也能主动找同学交流，最大的变化是下课的时候不愿意坐在自己的座位上一动不动。以前很懒，懒得和同学说话，懒得走动，连梳理头发都不愿意。现在还真要花费点时间整理自己的形象。

案例 7

干预，为之求变

问题描述

王杰（化名），男，16 岁，高一。

经常在课间操时间上厕所，理由是拉肚子。平时不喜欢参加集体活动，接触的朋友都是习惯不好、学习成绩很一般的学生，而且这些学生做事态度、学习态度都存在不同程度的问题。

分析过程

从表面分析

他只是不喜欢跑步，因此找一些幼稚的借口；和学习成绩一般的学生在一起，不能说他也是这类学生。但是先人的经验时刻提醒着我们："人以群分，物以类聚"，"近朱者赤，近墨者黑"。

从本质上分析

不良行为有碍学生学习能力的提高。青少年学生不良行为对青少年学习的负面影响是相当大的。不良行为的形成使他们消极地对待学习，影响成绩的提高和智力的增长。首先，抑制思维力。学生在忧虑和厌恶的情况下，不能进行有效、正确的思考。其次，降低记忆力。人在正常的、积极的和毫无紧张的情况下，记忆力好；而在厌烦、担心和失常的情况下，记忆力低。再次，扼杀创造力。学生只有在良好的氛围中才能进行创造性的学习、思考、探索。具有不良行为的学生，一般在学习上很难有进步和创造。

不良行为会降低学生的道德水平。首先，会造成道德认识不良。青少年不良行为的不断发生，使个体形成浓重的主观不良心理倾向，他们或对道德认识不屑一顾，对道德行为规范不加理睬，或模糊美与丑、善与恶、是与非的界限，形成认识偏差。其次，会造成道德行为偏向。青少年不良行为的发生将影响多种行为，使青少年学生在社会实践中处处表现出与社会不合拍。

为了避免不好的事态出现，我们作为老师，应通过细心的洞察，及早干预，使之发生认识上的改变及行为转变。

干预的理由

对于一个学生来讲，经常不上课间操，如果确实是身体问题，无可厚非，按理说我们教师不但不该批评他，还要给予他无微不至的关怀。但根据我多日的观察和同学的反映，综合考虑，全方面分析，判断他不是身体问题，而是认识出现的问题。认识出现问题，就会有问题行为出现，问题行为出现之后，不仅影响他的健康发展，而且还会带来负面效应。如果班主任不能及时干预，事情的发展可能会很难预料。对其本身发展不利，同时也会给其他同学带来消极影响，进而影响到班级的管理，影响到全班同学的和谐健康发展。

干预的契机

对于班主任来讲，教育学生是教师的天职。因此在对学生实施教育的过程中，班主任要“审时度势”，抓住良好的教育契机。教育学生是一个很复杂的过程，可以说，教育的机会多多，但作为班主任教育学生既不能随便教育学生，也不能总是被动接受，能寻找最佳教育契机，对我们的工作会起到事半功倍的效果，否则白搭功夫，身心受罪。

机会是这样来临的：早晨我去语文办公室拿东西，刚出办公室门，我就看到王杰和另外一位临班学生匆匆跑过去。我灵机一动，立即叫住了他：“王杰，请来老师办公室一趟。”此时他下意识地停住了脚步，转身来到我的办公室。看他目前情况是没有任何思想准备来我这里。为了“迷糊”他一阵，还有就是我在思考怎么和他对话，我任何话都没有说，只是从抽屉里找到了家长联系记录本，找到他家的电话后，我立即拨通了他家的电话，但家里没有人，我于是把我的手机递给他，示意他联系家里的人，他很痛快地拨通了他母亲的电话，一会的工夫，他母亲来到了学校。

在等候他母亲来学校过程中，他三番五次地对我说了很多：

生：我不就是上个厕所吗？我也没有犯什么大错儿啊！况且我今天真的是肚子疼，不信，您可以去问杨主任。

师：呵呵，没有人说你犯大错啊，小错是不是错，请回答老师好吗？

生：是。

师：（我乐呵呵地对他说）咱们一起算算账，好不？

生：可以。

师：想想，1+1 等于多少？

生：等于 2。

（看来他“上圈套”了。）

师：回答很好！那么一个错误＋一个错误＋一个错误＋……＝？

生：等于很多次。他的语气有点微弱了。

师：从开学到现在，已经快两个月了，累计一下，你肚子疼多少次了呢？想好了回答老师哦。我笑呵呵地且淡定地追问着他。

生：记不清楚了。

师：我开始不说话了，给他点时间去想。

忽然间有了一个主意，老师给你讲一个故事，题目是《狼来了》。“从前，有一个人为了求得别人的帮助，他故意大声嚷嚷‘狼来了’，结果很多人跑出去帮助他，可是善良的人们跑出去之后，发现狼没有来，于是人们回家了。又有一天，这个人又喊‘狼来了’，人们还是立即跑出去帮助他，结果狼没有来。到了第三次，他还是喊‘狼来了’，结果这次真的狼来了。而且来个大而凶猛的狼，这次他真的需要来更多的人，可是，善良的人们再也没有出来。人们不再相信他的话……”讲完这个故事，他立即明白了什么……

生：老师，我以前说的都是假话，我以前不是真的肚子疼，可是今天真的是肚子疼。

师：哦，是这样啊。原来你以前多数都是说谎蒙老师呢啊！我故意带着吃惊的神情对他说。准许你说那么多次假话，蒙我那么多次，难道就不允许我不信你一次吗？况且你今天真的是肚子疼，更应把你妈妈找来，我的意思是把你接回家先去看病，看完病，病好了，再来上学。”后来他再也没有话可对我说了。

一会儿，他母亲来到了学校，我把他经常肚子疼的事情，告诉了他的母亲，尤其是该上课间操的时候，他总说拉肚子，建议他母亲把他接回家先看病，病好了再来上学。

王杰一看，真的要让他回家看病，立即解释说：

生：我以前说的都是假话，我就是不想跑步。

见他说了真话，立即反问他说：

师：如果你不想跑步，就不跑步，你想想，咱们班那么多同学，该怎么评价你呢？说说看。

生：不太好。

师：具体一下可以吗？

生：真说不好。

当发现他确实说不出什么来，就急中生智说：这样吧，今天你妈妈来了，带你回去先看病。病看好了，再回来。回来后，老师有个提议：发现你不出操一次，固定在当日下午和我谈话一次，然后把谈话内容写成文字形式，写上日期，积累起来，如何？

生：不好。

师：还有，你一次次的说谎，你内心什么感受？我很想知道你是一个什么样的一个人。

生：我没什么的。

师：呵呵，是没什么吗？我感觉你是特殊材料做成的啊。说那么多次慌，脸不改色，心不跳。

师：这样吧，你看好病回来之后，你给老师一个处理你这样问题的方案，怎么样？

生：呵呵，我哪有什么好方案啊。

师：时候不早了，我该去上课了，我对其家长说：您带孩子先去看病，看好了，再回来上课。

干预的结果

他明白了自己错在哪里，怎么错了；明白老师表面是解决他的问题，实质上是在教育他，如果问题不及时解决，问题会越来越严重；让他明白，他生活在一个集体中，他是集体中的一员，必须积极参加集体活动，严格按照集体的制度去约束自己；给他一种善意的提醒：不是老师不处理他，而是给他更多的机会。

干预过程的技巧运用

对这样的案例，不能疾风暴雨，要耐心等待机会的到来，给老师一个适当的时机帮助教育一臂之力。

刚柔相济。柔是一种收敛，一种风度，一种魅力，一种婉转绰约的姿态。柔是前提，柔是观察，分析过程的掩饰，是一种避虚就实的法宝；刚是一种做事情的风格，当断则断，刚是干预阶段必用的武器。刚柔相济是真实的教育体现，也是真正的教育过程。

对话不仅仅需要柔，同样需要果断，需要力度，需要不客气！

案例 8

在日记交流中成长

前期说明

她是一位个性十足的学生，不听从老师和家长的管教，叛逆心理极强。多名教师都在共同努力地管教她，但效果甚微。直到有一天，她用日记向老师打开心扉，畅所欲言，才使我们真正地了解到她内心深处的真实情感。她内心丰富，感情细腻，喜欢突出自我，张扬个性。我们抓住她内心情感丰富、重感情的特点，和她进行真诚的交流。“感人心者，莫先乎情。”她用日记的方式与老师交流共计 26 篇。通过与老师的多次文字谈心，她终于有了一定的转变。

接着，我们又与其家长进行沟通，共同探讨教育孩子的方法。在双方的共同努力下，该生取得了显著的进步。积极因素增长，行为改变了，原来穿肥大的衣服，如今不穿了；原来喜欢含胸走路，现在也大大方方地昂起了头；原来上课喜欢给老师出难题，现在还帮助班主任做很多班级工作。很多老师都说她变了，变得比从前可爱了。她在不断地完善着自己，以一个崭新的面貌呈现在大家的面前。

案例实录

赵老师，您知道吗？不是我不愿去做，我是怕自己做不到，对不起每一个关心我的人。如果我去做了，最后却没有什么成就，别人就会对我指指点点，我该怎么办呀？但不管怎么，我都听老师的话让我自己有些改变，约束点自己。完美，对于每一位家长而言，每一位家长都愿自己的孩子“成龙成凤”，我的家长又何尝不是呢？我认为父母是教科书，老师是品德书，他们都对我有很大的帮助。但我却不愿意看，不愿去渗透它，因为到现在我还没有这样的想法去渗透，只是生活在我的范围圈里面。快乐？说真的，我越努力，父母对我就越苛刻，对我的期望就越大，我怕我这辈子也不会让他们知足。人，都是有缺点的，不完美的，更不可能谁这一生没犯过错，老师您说对吗？

痛苦？是呀！我不要做懦夫，我要勇于面对。可您知道吗？我现在特别特别的、最重视的是高主任对我的看法。现在有时我的不开心都和高主任有很大的关系。有时，我听别人说高主任不让别人和我玩的时候，我的心里很不是滋味。因为我特别地不想成为高主任心中的坏孩子，所以我才会在教师节那天给高主任写那封信。说实话，我那时真的是鼓起了很大的勇气，因为我不敢正面地面对她，可能是因为她是领导，和我的地位大大的不同，她是高高在上的。

我有个姐姐对我说过，“要想人前显贵，就得背后受罪”。我想每个人都想人前显贵，我也是不例外的。但我却不愿背后受罪。妈妈也对我说：“要做人上人，就要先做人下人。”是呀！不做人下人怎做人上人？不受罪怎能换来自己的回报？老师，如果我受罪了，可它的回报却是我不愿接受的（一错再错，步步都错，回报的是报应）那我能怎么接受呀？生活有时就是这样，一生只为一瞬，一瞬决定一生。因为我们好像进入了一个只有拿出钱才能证明爱心的时代。

有时与其说是我们不能忍受自己的不幸，不如说是我们不能忍受别人的幸运。

背景分析

她是一位内心十分丰富的女孩子，处于多愁善感的年龄段，想得比同龄的孩子多。很多的想法（快乐、烦恼、忧愁、顾虑等）都是十分正常的。在她的文字中，充满了对家庭的不满，对学习的厌倦，以及对成功的迷茫，还有就是在自我和本我之间的挣扎与跋涉。她对克服困难有很强的畏惧心理，不愿刻意改变自己，与自己的父母存在隔阂，这些复杂的心理充斥着这个才刚满16岁，花季一样的少女的心。她怎么才能平静？怎么才能安心学习？令人担忧。与此同时，我们又感到很欣喜，因为她只是在对与错的人生十字路口处徘徊，并没有完全走向错误的一端，而且已经有了改变自己的想法，只是没有彻底地下定决心。此时，她需要有人能在她迷茫的、徘徊不定的时候拉她一把，帮她明确前进的方向。

著名教育家斯宾塞说：“记住你的管理目的是能成为一个能够自治的人，而不是一个要让人来管理的人。”我们的教育目的恰恰就是使学生最终达到自我教育。因此我们决定从以下几步入手：

日志分享

（一）教师日记摘录

日记1：帮助孩子客观公正地评价自我。“从你的日记中，我看到了一个可爱的女孩：善解人意，有自强之心；你文采好，重感情，

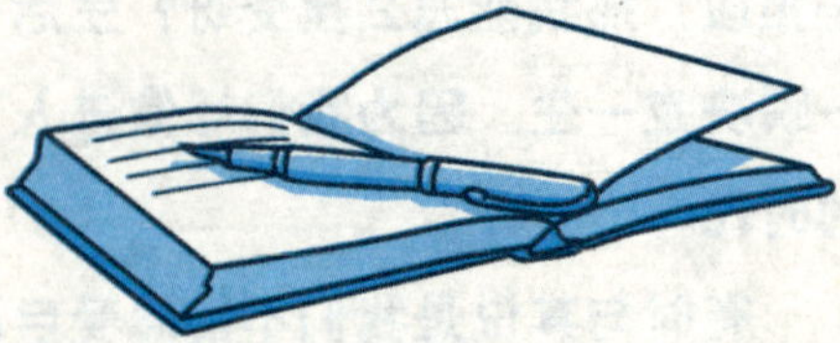

有思想，有主见，不随波逐流。同时你也存在着许多的不足之处：执拗、固执己见，思想的巨人，行动的矮子。任何人都有所长，亦有所短，善于扬长避短的人才是最聪明的人。你要尽快地改变自己，不要沉迷在以前灰色的记忆里。因为你以前的行为确实有许多不妥之处，别人对你的指指点点也在于此。你很重视别人的看法，说明你已有觉醒的意识。有了意识不去行动那只是一个空想家。”

日记2：缺乏自信是因为你对自己的认识不清。“你不知道你每天在做什么，你不知道你要做什么样的人，想和做是两个不可分割的部分，行动起来，不尝试怎么能够预知结果？即使失败了又有什么可怕？！人不可能一下子就改掉自己的全部错误，不尝试怎么知道自己不行？！邓亚萍个子矮，郑智化架着双拐，他们也曾经自卑过，但他们都能很快抛弃自卑，向另外一种积极的美好的方面发展，最终成为了世界冠军和著名歌手。事在人为，人没有做不到的，只要你努力去做，我相信你一定能做好。”

日记3：勇于挑战自我。“你现在遇到了一个最大的困难，就是无法战胜自己。‘知人者智，自知者明，胜人者力，胜己者强’！当你遇到困难的时候，你只能靠自己，没有人把甜甜的苹果送到你手里来，需要你目视那棵苹果树，苦思冥想，然后采取行动。‘播种理想，收获行为；播种行为，收获习惯；播种习惯，收获性格；播种性格，收获命运’。你自己就是自己的太阳！”

日记4：正确看待父母和老师。“对于父母，他们是非常爱你的，所以才会对你有那么高的期望。你可以不听父母的话，因为有时候他们也有可能犯错误，但你必须保证你不犯错误；你可以选择用你的方式对待父母和老师，但是你要保证在与老师和家长相处的时候能给予他们应有的尊重，因为这是我们中华民族自古以来的传统美德，也是衡量一个好学生和一个好儿女的标准。你不必按照家长或老师说的模式去生活，但你要保证你的生活是积极的、健康的……无论何时，你要记得，老师对你的关爱与教育是无私的；你的父母为你欢喜为你忧，因为你是他们生命的延续，他们时刻为你遮风挡雨，为你导航！”

日记5：人生需要磨炼。“人生需要不断的磨炼和学习，梦想需要遇到合适的土壤才会变成现实，目标需要切实可行的实践，你实践了吗？你有自强之心，这很好。但你要勇于付出才行。‘看似寻常最崎岖，成如容易却艰辛。’在这个过程中，你要与困难不断地作斗争，不断的磨炼自己的意志品质，那是一种财富，没有经历磨难的人生是一种不完整的人生。勇敢地面对，然后去行动，改变自己。你的改变一定会给父母和老师带来欣喜的。我们会在这条路上一直陪伴着你。”

（二）与家长进行沟通

我们的孩子现在遇到了困难，需要我们共同帮助她。虽然老师对孩子倾注了爱心，履行了责任，但无论如何，也代替不了父母。家庭教育是一种独特的资源，有着自己独特的内容，有些是学校教育无法承担的。希望你们要用家庭的关爱滋润孩子的心灵，使孩子健康地成长。通过阅读该生的日记，不难看出，缺少良好的家庭氛围，因为缺少这一点，孩子容易形成错误的认识，以致影响学生对自己和周围事物的评价能力；在模糊的认识影响下，使孩子丧失信心，容易迷失自我，使孩子找不到生活的方向。因此需要家长与我们通力合作，共同教育孩子。

1. 创设良好的家庭氛围。良好的家庭氛围是使孩子保持心理健康的重要外部条件。所以你们一定要多关心孩子，鼓励其积极向上、善良美好的思想，及时遏制孩子的消极思想。善于倾听孩子的心声，尊重孩子，对孩子的某些做法给予理解。和孩子交朋友，经常主动地与孩子进行沟通。不要总是以居高临下的态度看待孩子眼中的一切，试着和孩子在同一条起跑线上走未来的路，家长会更加赢得孩子的尊重和欣赏。

2. 培养孩子积极的、恰如其分的自我观念：（1）不要期望过高，给孩子带来过大的压力，那样容易导致连续的挫折与失败，从而严重挫伤她的自信心。对孩子的要求可以由低到高，不断地提高要求，循序渐进。（2）学会运用积极的评价方式，对孩子给予充分的信任、欣赏和鼓励。对她的每一点优点、长处都该恰如其分地指出，让她准确地了解自己值得肯定的一面。（3）当发现她的错误与缺点时，也能把批评的目标指向她的问题而不要因此否定孩子本人。

3. 正确看待孩子。普天下的父母都爱孩子，对于父母，孩子无论成功与否，都要接受。能不能出人头地，是他们自己的事，各人头上一片天，没必要强求孩子干什么。人生是一步一步走出来的，能把每一步都走踏实了，这就很好。

转变结果

1. 能够自觉主动地进行学习，很少有扰乱课堂的情况出现。

2. 与同学关系融洽，能融入到班集体当中。

3. 尊敬老师、孝敬父母，有心里话时能够主动地与父母和老师倾心交谈。

4. 着装：从过去的随意变化转为为在校期间穿校服，校外穿着朴素大方，符合自己的年龄与身份。

5. 自信、乐观，对未来的生活充满了无尽的憧憬与向往。

辅导反思

1. 对于长期受到情绪困扰的学生，最好的办法就是亲近他们，与其建立和谐的关系，让他们主动与老师敞开心扉。

2. 日记是对话的另一种形式，日记对话需要字里行间流露真情实感。称呼、语气都是提升情感的小环节。

3. 希望我学校多指导家长与孩子对话：怎么说孩子才能听，怎么听孩子才能说。

4. 希望老师多给这样的学生真诚和关爱，提高倾听、尊重的意识，引领孩子跟老师说心里话。

案例 9

矛盾突破很简单

辅导过程

刘雄（化名），男，高中体育特长生。

这天是周五，下午第三节课是王老师的英语课，王老师和往常一样，神采奕奕地走进高一（3）班的教室，学生也在全神贯注地等待老师的到来。

王老师激情满腔，当老师讲到一个小知识点时，发现刘雄在睡觉，老师上前把他叫起来说：“你怎么又睡觉？你回答我的问题！都什么时候了，还睡觉呢？！”刘雄立即回答说：“我困，我就想睡觉。我不会！”王老师很生气，下课把他叫到办公室。王老师生气地问他：“这是我叫你第几次了？”他又不假思索地回答：“我怎么知道这个？”王老师发现问题无法解决，就说：“去找你们班主任去！”随即刘雄转过身，嘴里嘟囔着什么，就去了班主任老师那里……

要是您遇到这件事情的话，您该怎么解决呢？

不同的教育方式会有不同的教育结果，不同的教育结果将会使学生有不同的审视人生的态度，甚至将决定其人生发展方向。那天很巧，我也在办公室，班主任看到刘雄进来，知道没什么好事，就说：先跟赵老师谈谈吧。

意外地认识了刘雄，我很欣喜，同时也感觉到了一种压力——我该怎么和他谈下去？

……

我们就这样开始交流了：

师："先请坐，近来体育训练累不累？"

生："很累。"

师："你累了怎么办？"

生："就想睡觉。"

师："你知道王老师多大年纪了吗？"

生："知道，也得五十多了吧……"

师："五十多了，给你们讲课，然后课下给你们批改作业，你说王老师累不累？"

生：也不轻松吧。

师：那王老师要是……

生：老师我知道怎么做了……

说完，站起来就找到班主任说：我下课去找王老师。

师：不继续聊了吗？

生：不聊了，下次有机会再找您，谢谢。

辅导反思

在长年累月的师生交往中，其实师生之间的矛盾是难免的，有的时候是因为一句话，有的时候是因为一个动作，还有的时候是因为没有及时给予解答等。产生矛盾的情节不同，处理方法其实有时候可以相同的。如果出现在你身上，作为班主任老师，建议您不恼不火，轻声细语，坐下来心平气和地跟他谈谈。有人说，大道理他们都懂，没有必要给他们讲这些。其实不然，很多孩子真的不是故意的，只是我们的处理方法不当，才出现这样的事情。

世间有那么多豪情细语，也有很多柔情细语能让人从心底泛起情感的波澜，汩汩地在我们的心海流淌的该是那种发自心底的尊重与引领！哪种事情，哪种人，适应什么样的说话内容，老师们要动动脑筋筛选一下。比如，如果孩子比较内向，自尊心很强，那就不能选择疾风暴雨式的说话风格，否则不但问题没解决，反而招来了新的麻烦。

案例 10

我惊讶他这样的选择

事情回放

小山（化名），男，高二。

“我不能在这里继续读书了，我已经退学了，我实在读不下去了。”

小山是随母亲改嫁来到我们地区的，他原本是河北人。从 8 岁到现在一直在我们地区就读。这不，今年上高二了。因为高考，北京市有一个明文规定：凡是外地户口的，没有资格在北京市参加高考，必须回到本地参加高考。因为这个规定，小山不得不在高二会考完后离开我们学校去河北一所私立学校读书。由于与那里学生学习和生活习惯有冲突，加上那里的课程已经都讲完了，就等复习了。其实小山在我们这里学习是不错的呢，可是到了河北那所学校，根本排不上号。

2011 年春节过后的第二天，接到了小山的短信和网络留言“老师，我走了，您教会我很多东西，让我明白了很多道理。我很感谢您，希望我们常联系。也祝您身体健康，合家欢乐。”看到他的留言，内心也有些恋恋不舍。而后连续接到了小山的好几个电话，都是他的抱怨声和哀求声，感觉他真的遇到麻烦了。因为在转学前，他的父亲前后托了很多人办事，并且花费不少。我认为小山会感受到父亲的不容易的。可是为什么非要这么闹呢？总感觉这里有一些原因。为了确保了解小山的初衷，在小山的强烈要求下，我们约了一个时间见了面。

师：谈谈这几天你在那里读书的感受。

生：很痛苦。

师：什么事情让你有这样的感受？

生：就是那里环境不好。

师：什么环境不好？是人不好，还是条件不好，还是其他什么？具体说一下。

生：那里的学生非常不友好，干什么的都有。吸烟的、打架的、喝酒的。

师：是都这样吗？

生：不都这样。

师：那你可以远离那些不好的学生，接触那些好学的学生啊。

生：他们太强了。我没法跟他们比。虽然我在咱们这里算是好学生。

师：是这样啊，能具体说说他们怎么太强了呢？

生：我拿到的新书，他们已经在上学期就学完了，这学期基本是复习、操练了。那里的班主任告诉我说，想想办法，补习补习。

师：你想没想过其他解决问题的办法。

生：没有想过。

师：那你打算怎么解决？

生：不考大学了，让我回到咱们学校读书，把高中读完就可以。

师：你再想想有没有其他的办法，不要轻易放弃考大学。

生：嗯，对了。还有一种方法我也想过。

师：是什么？

生：就是在那边重读高一，这样就不缺课程了，整个高中三年下来就可以考大学了。

师：对，你说得对，这个确实是个好方法。跟学校商量一下，能否在那所学校重读高一。

生：我年龄可能不允许了。

师：怎么不允许？

生：我马上就20岁了。

师：那边有明文规定20岁不允许再重读高中了吗？

生：老师，我不考虑这个了。我也不想重读高一。

师：为什么呢？

生：不太清楚。

师：你该去问一问。

生：我不想问了。其实我想告诉您我真实的想法——我对考大学看得不是很重，无所谓。将来有一技之长也可以养家的。

师：呵呵，可以啊，说得很有道理。将来有一天，你会不会后悔？

生：我不后悔，我早就这么想了。只是我父母总是让我考大学。

师：是啊。那你怎么向父母交代呢？

生：我已经和我父母说了，他们告诉我说，只要你不后悔，我们也不强求了。

师：老师能理解。老师想听听你的一些想法。你在这里读完高中，去哪里？

生：自己找工作，不牵累父母的。

师：呵呵，说得不错。如果再遇到像你在河北读书的情节，那你又该怎么选择呢？

辅导反思

小山是辅导过的学生中唯一不想考大学的孩子。

我是辅导员，以我的专业认识分析，我承认个性差异，我也知道社会需要多种人才，我也清楚不考大学未必没有前途，但我内心有一种无言的遗憾。

在倾听他叙说的时候，其实我已经感觉到了他不想参加高考，不是因为无路可走，而是他自己真的想放弃高考。对于想放弃高考的学生来说，有可能是跟他的家庭条件有关系，还有一种可能体现出了他没有远见，知难而退的心理。

无论是哪种情况，都牵动着我的神经。他的这一选择经历让我感受到了作为心理辅导员不仅要关注他在学校的情况，同时，我要把自己的思维、认知和判断与孩子一起延伸到学校之外，甚至他的未来。

我现在要改变他的认知和选择，可能有些强硬，甚至不合乎情理。但是希望今后给予他更多的关注，与他有更多的交流，这样，我的内心才算踏实。

还有，我想对孩子说，不能只看表面，媒体宣传的东西不能全信，如果是考上大学没什么出路的话，为什么还有人一定要考大学？因为他这样的选择，或忧或喜，都将要改写他的人生。

我一直在关注他得成长，或许有天他会明白。

案例 11

学会正确认知

辅导过程

崔某，女，初二，14岁。门被推开了，一个小姑娘走进我的办公室。

生：老师，我找您来了。

师：好。请坐。

生：老师，我感觉到我没有知心朋友，我很苦恼。

师：你理解的知心朋友是什么含义?

生：就是无话不说的那类。

师：再具体一点。

生：就是我对她怎么样，她就对我怎么样。

师："你对她如何，她就对你如何" 这个是你的愿望吗?

生：是的（她笑着说）。

师：刚才你说知心朋友是不是你对她多好，也希望你的知心朋友对你有多好，是这个意思吗?

生：是。

师：你对她有多好，能描述一下吗?

生：我什么都跟她说，可是她却把我的秘密告诉了别人。

师：那你控制得了她吃什么吗?

生：控制不了。

师：那你控制得了她说话吗？

生：控制不了。

……

师：那控制不了她说话，为什么还要把话都告诉你的朋友呢？

生：我就是心里装不住话。总想什么都跟她说。

师：总想跟你朋友说你的秘密，你认为她是你的好朋友，不能告诉别人，但是她还是告诉别人了，所以你内心很失望。

生：是的。

师：哦。现在老师问你，你好好想想，朋友跟你说过的话，你保证没告诉过别人吗？

生：我保证。

师：真的能保证吗？

生：我能。

师：真的能吗？

生：能吧。

师：真的能吗？

生：呵呵……

师：说实话。能不能？

生：不能。有时候不是我故意的，是嘴快就说出来了，是无心的。

师：那你的朋友怎么想你呢？

生：这个没想过。

师：真没这么想过你朋友的感受吗？

生：真的。

师：如果你朋友也是嘴快，是无心说出来关于你的秘密，那你当时的内心感受是什么？

生：很生气。

师：那你能不能想到当你无意，也因为嘴快说出了你朋友的秘密，她那时的感受，你现在能知道了？

生：是的。

师：是什么感受？

生：她也是生气。

师：刚才你说，你知道你朋友把你的秘密告诉别人了，你很失望。对吧？

生：是的。

师：那你的朋友知道你把她的秘密告诉别人了，她是不是也对你很失望呢？

生：是的。

师：老师再问你一个问题。刚才你说知心朋友就是无话不说？

生：是的。

师：那你想想，你觉得你的朋友们什么都跟你说了吗？

生：没有。我感觉有的跟我说了，有的在瞒着我。

师：那你觉得她还够朋友吗？

生：够，我装不住话，我总想跟她说我的秘密。

师：刚才咱们一起探讨了，你是无法控制别人说话的。现在老师想和你一起聊一聊这个问题。你刚才说你装不住话。对吗？

生：对。

师：那老师问你，装不住话是不是自己的问题呢？好好想想。

生：是我的问题。

师：你现在 14 岁，正处在青春期，需要朋友的阶段，你们渴望朋友的忠诚，但有些话需要留在心底的，是永远不能跟别人说的，这是人成长中必需的。如果你长大，走上工作岗位，你会遇到很多人，很多事，难道你总把这些都一一告诉你的朋友吗？你想象一下，如果都需要告诉你的朋友，会是一种什么样的局面？

生：老师，我明白了。

师：好，明白就好，以后有意识地把一些话存在心里。这也是一种能力——内心承载能力。

生：哦，我才知道，以前没有人和我说过这些。我爸爸妈妈总是说：你这么小要什么知心朋友！所以我总觉得他们不理解我的意思。老师，今天您说这些，我以前真的没想过。

师：没关系。从今天开始，你要想这些，如果再有这样的问题我们还可以在下次交流中探讨。

生：我回去试试看。

师：好。等你的好消息。对了，刚才还有一点，老师要和你谈谈。就是你刚才说的，你装不住话，无心地把话说了出来。

生：对，我把她的秘密告诉别人都是无心的。

师：如果你这样想：你的朋友也是无心的，你的感受是什么？

生：肯定很生气的。

师：所以老师建议你不要总说自己无心。如果你这么给自己解释，你的朋友也会这样解释。再有，看过《潜伏》吧？如果余则成总是无心把秘密说出来，那还了得啊？老师希望你做有心人。

生：老师，我明白了。

师：确实明白了吗？

生：确实明白了。

师：其实，明白了不等于能做了。明白是一回事，能做是另一回事。

生：哦。

师：老师希望看到你的变化。第一，你是不是还装不住你的话和朋友的话。第二，你是不是还认为知心朋友就是无话不说。

辅导反思

本案例体现了处于青春期的少男少女们的一种交往困惑。作为老师、班主任和家长，只有预先了解孩子此阶段会出现什么心理困惑或者行为困惑，才能及时发现孩子的问题，才能及时给予引导。

处在青春期的孩子，意识逐渐趋于独立，有了自己的秘密，有些话不喜欢跟父母说，只想跟朋友分享；还有的是，行为出现了异样，爸爸妈妈的话越来越不起作用了，甚至有时候振振有词，批评父母一顿；有的也不听老师话了，跟老师也是顶撞的。有些老师和家长感觉到了这样的现象并且内心有很深刻的体会，孩子养大了，不乖了，内心会有很多失落或者不平衡。这需要家长、老师和班主任有一定的心理知识和心理辅导技巧。

案例 12

一个都不能少

来访者自述

汪楠（化名），女，16 岁，中等身材，高一学生。

那天早自习，我们班主任进来就说，马上就要期末考试了，大家有决心都过关吗？有的请举手。我们班除了我之外，都举手了。我当时想，我不举手不等于我不能过关，举手的未必就能过关。而且我确实有点压力，总感觉自己没有那么大的把握，我不想说谎，不想随波逐流。我想实事求是。结果我就没有举手。紧接着老师就说："咱们班 48 个人，47 人都举手了，大家不要像汪楠一样……"他说了很多，还说我这个样子很不像话。随后就到我桌子旁边，拍着桌子说，让我把桌上的东西整理好。因为老师说话很生硬，我没有立即去整理，反而把书推到了地上。老师让我捡起来，我没有去捡，结果老师就让我出教室。我心里很委屈，因为在这次之前，老师多次在全班说，希望大家别像我一样，还点名道姓地多次在同学们面前批评我。我受不了这样的班主任，在他面前，我没有了自尊。他一点也不考虑我的感受。他让我站在教室外的时候，我突然就想离开学校，不想在这里读书了。所以我就没和任何人打招呼，走着回家了……

后来政教处主任打电话给我，让我周一带着妈妈来学校。我周一来了，结果政教处主任见到我和我妈妈就劈头盖脸地数落我一顿，还数落我妈妈，弄得我妈妈一直哭，我理解我妈妈，我妈妈这个时候只能批评我，可是我确实委屈，我接受不了这个方式。政教处主任看出来我不接受她，于是就给您打电话，希望您和我，和我妈妈好好聊聊。开始我不来，是您亲自把我和我妈妈带到您这里来的。说句实话，我一见到您就有一种亲切感。我出走，就是对班主任老师不满，对老师言行的无声反抗。我不接受班主任，也不接受政教处主任的批评……

汪楠的母亲眼泪汪汪地对我说："老师，希望你好好劝导我的孩子。"说着说着哭得更厉害了……

原因分析

根据汪楠叙述的情况，问题焦点就在于班主任没有给她尊严，造成她内心的不平衡，以致离校出走。从这个角度分析如下：

心理学上讲，尊严是人与生俱来的。人是需求动物，当这种需求得不到的时候，人就会用另一种方式取而代之。这种取而代之的方法和途径因人而异。小到同伴之间一句不经意的话，大到同学、老师、同事或者领导的嘲讽，都会激起人内心深处对尊严的呐喊。由此衍生出来的不可预测的事件，就会发生，这种事件将带来不可低估的风险，甚至不可挽回。

她的出走，是对班主任老师的无声反抗。她内心曾多次思考过，老师为什么这么不尊重我，为什么这样不给我面子，她本该找老师好好谈谈，为什么她却没有选择心平气和，而是出走。反映出她已经不指望老师对她的态度有改变，或者是她感觉自己无论怎么做，都不能从老师那里得到应有的尊重。她没了办法，只能选择出走，离开这个地方。

别小看这个出走。从心理学角度讲，它是对此人、此境的不接纳和拒绝。是一种失去希望的表现，也是一种对自己未来没有信心的无声诉说。

辅导过程

师：为什么出走？

生：老师故意和我作对。

师：为什么这么说？比如？

生：他总是在全班这样说：咱们班的其他同学不许像她一样。

师：是原话吗？

生：就是“咱们班的同学不许向汪楠学习。”而且总是说我趴桌子，别人趴他就不管。

师：是吗？我问你，你平时有没有趴桌子现象？

生：有。

师：几次？

生：好多次。

师：哦。我知道了，我们先不谈你趴桌子的事情，可以吗？

生：可以。

师：咱们先说说男生吸烟的事儿。知道为什么很多男生都吸烟，有的不吸烟都忍不住了吗？

生：不知道。

师：老师说说看，看你能不能接受这个理儿，你知道很多男生吸烟吧，他们最开始吸烟的时候都怎么做？

生：偷着吸，背着人吸。

师：对。男生在吸烟的时候总是偷着吸烟，他吸烟的第一次，没有人能及时提醒他，一次，二次，甚至三次都没人提醒他，慢慢地就天天吸了，久而久之，成了习惯。有的男生被老师发现后，老师让他戒烟，可是到时候想不吸烟都难。前几天，一个男生找我，我还问起他，还吸烟不吸烟了，他说还吸烟，暂时戒不掉的，很难。他还说，每天一下课就想吸烟，吃完饭也想吸，他还说他到时候就要吸烟。你看这个男生吸烟到什么程度了？

生：不吸不成了。

师：是啊，怎么造成的？

生：天天吸烟吸的。

师：太对了。就是这样！你发现没有？不仅我们班主任强调，学校大会小会也要提醒男生不要吸烟。

生：是的。前天，周一校会上还提这件事情呢，还说抓到几个吸烟的男生。

师：是的。一个学生要是每天做一件对自己有利的事情，那老师还会说你吗？但是一个学生每天都做一件对他没有利处的事情，那老师肯定要提醒你。就是担心你养成像吸烟那样的坏习惯，到教室就趴桌子，到那地步，怎么了得？对吗？这个道理你能接受吗？

生：能。

师：好，现在我们来说说你趴桌子。如果你趴桌子没有人提醒你，你会越来越想趴，甚至到了不可控制的地步。严重程度，看到桌子就想趴着。到那个时候，对你不利。你不感觉到恐惧吗？况且，趴桌子听讲效果不好。再有，在教室里，趴桌子的学生给人第一个印象是什么？你换位思考一下。

生：老师不喜欢，或者是不好的学生。

师：先不说老师喜欢不喜欢，对你有利吗？

生：没利。

师：你如果理解老师是对你的严格要求，你会有什么感受？心里就会舒服多了。当然，老师也有说话激动的时候，但老师希望你用合适的方法找老师表达。

生：嗯。

师：关于老师说你趴桌子的事情，现在你还有顾虑吗？

生：没有了。

师：真的想通了吗？

生：想通了。

师：那好。哪天找时间见见杨老师，和他好好谈谈。

生：嗯。

师：还有别的事情吗？

生：有。

师：说吧。

生：还有就是那天我们老师做期终考试动员，他问："谁能保证通过这次考试呢？"大家都举手了，而我没有举。但是我心里也想通过，别人举手了也未必就能通过。我觉得没有必要这样表示，举手和不举手的人都有自己的想法，我觉得老师太千篇一律了。

师：你们举手的有多少人，班级总数多少人？

生：47 人举手，总数是 48 人。

师：47？ 48？就你一个人没有举手。对吗？

生：是。

师：你知道你们老师看到 47 人举手，而你一人没有举手，他是什么感受？

生：不知道他什么感受。

师：你要是看到48人都举手了，你是什么感受！

生：高兴。

师：那我问你，47和48有什么区别？

生：一个多，一个少。

师：呵呵。我提醒你吧？其实47意味着一种遗憾，因为你们班48人，举手人里没有你，你们老师内心希望一个都不能少啊。你知道他的心情吗？他内心多么希望他的每个学生，也就是48人都能举起手，于他内心是一种满足。至少没有遗憾。你们班主任追求的是集体完美。老师内心里有无数个对你们的期待，他不能全盘说出，但他希望你们每个人都是他的骄傲啊！知道有个电影 “一个都不能少”吗？

生：知道。

师：呵呵。那就想想这个电影的名字。“一个都不能少”是每个班主任的心声。我去年也做班主任，我希望成绩单下来的时候，看到我们班所有人都及格。但是结果不是这样子。可我内心仍有这个美好的愿望啊！其实你们老师也是这样想的。你觉得我说的有道理吗？

生：有。

师：现在我和你妈妈聊一聊，可以吗？

生：可以。

师：好。

师：您今天没上班吗？

母：应该上班，请假了。我接到了班主任的电话，让我来的。

师：您和孩子一起来的吗？

母：是的。我请了一天假，就是专门为了签字来的。

师：您来这里有什么感受呢？

母：我感觉很不好意思。感觉会不会被老师看不起。刚才政教主任还数落我。让我无地自容。所以我刚才哭了。孩子看到我哭了，又跟政教主任吵起来了。

我和母亲的对话后，紧接着又追问孩子。

师：听到你母亲说的了吗？

生：听到了。

师：你最在乎你母亲什么？

生：我最不想让我母亲受屈。

师：好孩子。可是你母亲这次受屈都是因为你啊。

生：我知道。

师：那你还想继续让你母亲一而再再而三地受屈吗？

生：不想。

师：那怎么办？

生：决心不再让母亲这样来学校了。

师：说得好。其实，说得好不如做得好。你做得好。想想看。你做得好，老师还找你母亲吗？

生：不找了。

师：那你说说，怎么做，你母亲才不会被找来学校呢？

生：不用说了，我都明白了。

师：好的。那我们就不说这些了。

生：谢谢老师。随后母子俩给我深深地鞠了一个躬。

辅导反思

母亲和孩子带着眼泪而来，此刻母女两个却微笑着离开这里。这个时候我看看表，已经是下午 2 点了。中午的饭我还没有吃，我随便找了点吃的，坐在椅子上，望着“如果你不能将内心的东西表现出来，那么这些不被发现的东西将摧毁你；如果你能将自己内心的东西表现出来，那么这些被你表现出来的东西将能拯救你……留下玫瑰给花季”的心语，我内心有说不出的快乐，今天收获真大啊！

痛苦、焦虑、冲突往往是正常的情绪反应，所以咨询解决的不是情绪反应，而是这种痛苦体验背后的问题。汪楠和老师的冲突，偶然的背后有没有必然？这些必然中我们要承担的和我们需要完善和修复的有哪些？我们作为咨询辅导老师必须帮助学生澄清问题的前因后果，帮助学生改变原有的错误认知，而帮助改变错误认知的方法有很多，比如有理有据的问答。因为问答的过程就是帮助学生澄清认识的过程。还有辅导教师可以直接植入正确观念，这一点需要良好关系的建立为前提。

一个受心理问题困扰的孩子，就像生理上生病一样，整个人处于一种需要休息和调养的状态，这时候再要求他像正常孩子那样去学习并且取得好的成绩，是一种比较无效的要求。文章中提到的汪楠同学，此时此刻，可能会有很多学习和生活上的困惑，需要老师伸出援助之手来帮助她，但是我们的老师可能因为工作忙而疏忽对她内心的关注，导致这样的冲突。如果我们先关注了孩子身心的健康，然后才是孩子的学习成绩，我们采取以退为进的策略，暂时把学习任务放下，给孩子一个成长的机会，等到问题得到解决，孩子回到正常的健康状态后，学习问题就非常容易解决，也许这样的冲突就避免了。这也是刚刚进入高一的新生在适应过程中一个必经的个体发展需要的必然过程。

每个孩子的内心都是一个世界，请给他们一个尊重的眼神；每个个体都有他们的差异，请给他们一点点时间，等待他们努力；师生是一对矛盾，更是一对很好的朋友。

解决问题有很多方法，其中谈话就是最好的一招。了解详情，创设氛围，清理思绪，明辨是非，谈话过程就是清晰思路和认识的过程。在认识的过程中，我们经历着从不愿到愿的兑变。从不懂到懂的升华。这就是学生的成长和进步！我们追求的就是教育中不平凡的平凡。

案例13

东方不亮，西方亮

背景资料

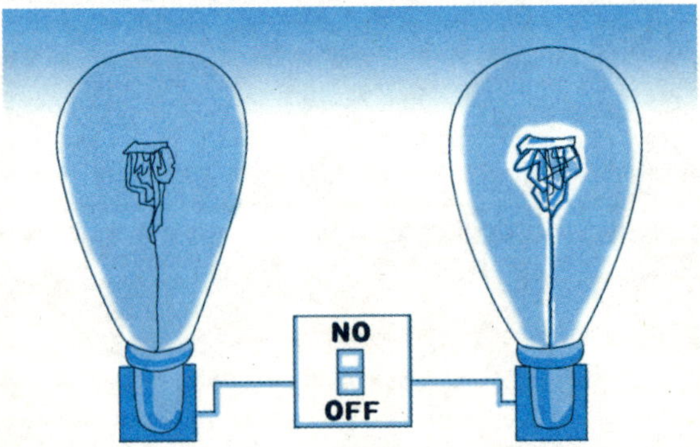

东东（化名），男，13岁。

其家庭情况：父母在机场打工，经常不回家，和奶奶一起吃住。偶尔见到父母，父母过问的就是学习，其他很少过问，如果发现孩子有了问题，上手就打，抬脚就踢。奶奶护着也免不了皮肉之苦。东东自述：“每天闹钟叫他三四遍才起床，起床之后，草草整理一下就出家门，到外面买点吃的，就急忙赶往学校。其实真的不爱来学校，我每天从6点半走进教室一直到下午5点放学，没有玩的时候，没有娱乐时间，并且作业非常多，有的时候一科的作业都写不完，只好等到第二天早上早到学校去抄别人的作业。整天都是学习、作业，作业、学习，动不动就请家长，大会小会都说中考如何，高中如何，听得我都烦透了！那种无奈就别提了，加上老师要收作业，只好早来学校找别的孩子抄抄，先把今天糊弄过去再说。每天早晨为了抄别人的作业，还要早起，生怕自己排不上队，抄不到作业，交不了差，挨老师批评。时间一长，这样做一是感觉太累，二是这样太没意思了，所以我后来连作业也不抄了，也就交不上作业了，老师自然就找我谈话了，一次又一次，老师频繁找我，总是说我不交作业。有的时候，老师对我大发雷霆，好恐怖。我面对老师无奈，面对书本无奈，面对课堂无奈！我真的讨厌学习。您说，人为什么要学习？学习有用吗？还有就是英语这个学科，我根本没感觉，为什么要学英语？我每天看到英语课本就头疼，感觉很厌烦。说句实话，我见到英语就想吐！见到书包就想吐！我认为学习没有用！我厌学！”

原因分析

我们知道任何一种状况或者现象的出现，背后都有引发它的多个原因或事件。

东东认为学校不该是这个样子，学校是学习的场所，同时又是给孩子带来快乐的家园。但学校很多现实境况，没有给他带来快乐，相反带来的是无奈和苦闷。

从东东的自述中不难看出，东东是个中学生，爱玩是孩子的天性，可是在自己感觉能玩要的岁月中却充满竞争，甚至很多。连成人也无法看明白的问题，却在他们成长的学校出现了他感觉到他的责任来得太早，在他还没有做好应对准备的时刻，却早早地降临在他的头上，他没有能力去思考这些。

心理学上讲人是需求动物，当他的需求长期得不到满足，或者没有能力逾越这个屏障的时候，他有可能失去对它的兴趣甚至选择放弃。他还小，他是学生，他没有能力抗拒老师和学校的现行制度，他找不到好的办法和突破口来解决这个需求与现实的剧烈冲突，所以他采取了消极待之。

从孩子发展的关键期分析，人的成长规律和植物生长的规律类似，都有关键期。从东东的家庭情况也不难得知，东东的父母在外忙于生计，没有更多的时间照顾和关心孩子，更谈不上给孩子一个良好的教育。他们教育方式粗暴简单，不考虑孩子的内心感受，只是强调学习，缺少情感和思想沟通，其实爱是最好的教育，但是爱的方式却决定爱的结果。

孩子上初中按理说是一个行为和态度转机的好时机，尤其是对学习的认识。家长能在日常交流和情感沟通中，抓住最好的亲子时机，可是（东东的父母）没能够及时给孩子一个引导，尤其是学习目的的引导，导致孩子困惑不已。

从教育的三维看，家庭教育在家庭教育、学校教育和社会教育的三维教育中是根基的教育。家庭教育是孩子做事情的原动力。如果家庭教育没有很好地发挥它的作用，孩子就会从学校或者社会上获得，但是从目前的学校教育看，学校教育又是单一的教育，而社会教育又是一个复杂教育，学校教育评价单一，而社会教育评价又是复杂和综合的。因此当学生对学校单一评价的现状无力改变的时候，很多孩子就会吸收社会的多标准评价，导致孩子的迷茫和困惑，得不到科学的解释，后果就是逃避学校，向往社会。但是家长在这个阶段，没有给予孩子学习上的正确引导，任凭孩子自己体验，在孩子没有能力正确分析事物内在和外在联系的时候，他容易接受一些片面而肤浅的信息，久而久之，影响了自己对学习的看法和态度。导致他逃避作业，厌烦学习，最后得出学习没有用的论断。

辅导过程

辅导的前提是知晓问题症结。一个孩子认为学习没有用，导致这个论断的原因很多，看似简单，但错综复杂。辅导老师凭借自己的智慧，从错综复杂的问题中找到突破口，才能达到事半功倍的效果。

我选择的是谈话法。谈话过程如下：

师：你说学习没有用吗？

生：是的。

师：那你回答我的问题。你爱看电视吗？

生：还可以。

师：为什么说还可以。

生：我只看动画片。

师：所有的动画片你都看吗？

生：不。大多看日本的。

师：为什么爱看日本的？

生：好看。

师：怎么好看？

生：造型和情节吸引我。

师：你想没想过，为什么日本的动画那么吸引你？

生：没有。

师：那我们聊聊历史吧！日本领土多大？

生：不知道，但很小。

师：那你说说，日本发展比中国快吗？

生：快。

师：日本是战败国。这个你知道吗？

生：知道。

师：那你知道为什么日本比中国经济发达？为什么他们国家发展那么快？

生：不知道。

师：那我们就来谈谈。其实日本整个国民素质比我们中国高。他们对国民的教育要求很高。对儿童教育就是武士道教育。培养孩子坚韧、持久、抗挫力。同时，全体国民必须参加教育。你们比较反感老师和家长对你们的管教。那老师要问你这样一个问题。假如你是种玉米的农民，你把玉米播种在地里，然后就不管了吗！你会这样想吗：反正我播种了，管它以后长什么样呢！如果你不接受系统教育，像你这样的成千上万的学生都不上学，那么你们这代人成长起来还会教育孩子吗？那么这个社会会怎么发展？一个社会的发展水平取决于这个国家的国民素质，日本就是很好的例子。另外，我说句远的话，你难道希望你的下一代稀里糊涂地生活吗？像你一样？

生：不希望。

师：那好，既然不希望，那你知道什么可以不让你的下一代不像你一样吗？

生：说不好。

师：那老师浅谈一下。你愿意听吗？

生：愿意啊。您说吧。

师：好的。教育的水平不是跟着感觉走出来的。有的时候，有些事情，我们有机会可以重来，但是有的时候有些事情就是单程线，没有选择。比如，一片玉米地，种子播种下地了，你为了悠闲，不去关注它长不长草，有没有虫害，等到秋天长不出玉米来，你再去调整，重新来吗？重新来是可以的，但是，你比别人穷了一年，你要等来年才有收入。比如你吧，等你到了25岁，你的父母再来教育你，你还会听他们的话吗？

生：估计不会听了。

师：比如我，我有了一个第一学历，完全可以生活，为什么我还要努力学习英语拿一个英语第二学历，并且还要交很贵的学费。我记得在我进修第二学历的时候，很多老师说："那么贵的学费，我可以不用学它。"当时我也犹豫过，可后来一想，社会变化很快，我多学点知识是不会吃亏的，东方不亮西方亮，说不定哪天我的英语学历就派上用场了呢。于是三个寒暑假从不间断，按时上课，认真完成各项作业，毕业的时候，我被评选为优秀学员。结果，在我参加工作后，学校英语教师不能上，学校领导找到我说，你来给某某班上课吧！于是我就拿起了英语课本，教起了英语，感受着英语学科的另一种美，并且我还带了毕业班，成绩很好，让我更有了成就感。我的快乐就在其中。如果当初放弃了英语学习，估计也就不会有这样的经历。你知道有一句格言是这样说的"机会是给有准备的人的"，你现在学习不是为了学习而学习，而是为了将来拥有更多的机会。东方不亮，西方亮。多学一点，说不定哪天你学的东西就在你生活中亮了起来，甚至是你一种谋生的手段呢！

生：嗯。原来这样啊！

师：你觉得我说的有道理吗？没有道理你可以拒绝，有道理的话，你回去的时候再思考思考。想想是不是这么个理儿。呵呵。

生：是（微笑）。

师：别畏惧，有什么想不通的，你可以再来，赵老师会一直陪着你。

生：好的。谢谢您，赵老师。

师：不客气。回去的时候能不能把我们的谈话过程整理一下呢？写写感言什么的，自愿啊，呵呵。

生：我尽力，我尽力。呵呵。

效果反馈

班主任老师第二天在班车上见到我说：“赵老师，东东从你那里回来，我正好在办公室门口见到他，他可高兴了，乐呵呵地对我说‘真痛快’，然后笑着对我说，‘我去教室拿书包去啦，老师，再见！’”

任课谭老师在班车上也对我说：“赵老师，您让我找他谈话，我星期三找他了，东东让我捎给您一封信，而且叮嘱我说，千万别看他的信。我告诉他保证不看，他才给我的；另外我和其他几个任课老师也打听他的情况了，都说最近他表现很好，而且在我的课堂上也比从前积极了，精神状态很好，他说他现在很有动力。”

德育校长在餐厅见到我说：“赵老师，听宋老师说那个厌学的孩子，去你那儿的时候很无奈，回来的时候活蹦乱跳的。这样就好，班主任的工作就好做多了。估计家长也会看到自己儿子的变化了。”

东东给我的信：

亲爱的赵老师您好，自从和您谈了那次话后，我好了很多，现在自我感觉不错，好像已经完全好了，不再需要您治疗了。现在的我已经放下了我心中的那块巨石。放下的感觉真好，感觉自己好像轻松多了。现在我每星期都能写一篇日记，我发现写日记，好像能让我的心情变好一些，好像体会到了写日记的好处。赵老师我还想和您说一件事情，我从您那里学到了一句话：“东方不亮，西方亮”。

现在的我西方亮了，而且亮得比东方还要炫耀，更加灿烂。赵老师，我真的要谢谢您，如果不是您，也许我还沉沦在痛苦之中，是您在那时拉了我一把，使我重新振奋，在这里，我再次感谢您。现在的问题已经暂时放下了，不过我还会去找您的，因为我知道一个道理，人一来到世上就要面对痛苦，比如说：生病、死亡……但没有人可以逃避，因为也不需要逃避！人总是在痛苦中成长，只有痛苦才能让我们更加茁壮地成长。而面对痛苦，只有两种方法，要么继续，要么快乐地面对，既然快乐需要面对，痛苦也需要面对，我为什么不选择快乐呢？我现在已经选择了快乐，以后的困难也阻挡不了我了。赵老师，我还要谢谢您，好了，我想对您说的就先这么多。我该写作业了……

再一次谢谢您！赵老师！有时间我还会去找您的。

敬礼

东东

辅导反思

通过谈话过程，你能感觉到东东是对学习的作用不清楚，那么辅导老师要从这个问题切入，循循善诱，告诉他学习的目的是什么，给他讲清学习是人的基本任务，学习是一种谋生手段。帮助他澄清对学习认识的偏差。请大家记住：一个人原来的认知改变不了的话，别期待他有什么新的变化。因此改变原有的错误认识，是辅导开始的一个关键所在。

方法如下：

第一，找孩子兴趣点，目的是让师生之间建立一种信任关心。

第二，在信任的基础上，才有可能接受老师的指导。

第三，可以结合自己的亲身经历，使孩子对一些问题产生共鸣。

第四，教会他整理谈话信息，并对谈话做出感言，其实是一种复习对话，为的是让对话内容在头脑中加深印象（自愿原则）。

友情提示：同事和同行间，交流就是学习，而学生和老师交流就是帮助他们改变认知或提升认知的过程。

案例14

一个案例引起的思考

背景资料

张可（化名）男，15岁，俊秀的面孔上长着一双会说话、会笑的眼睛。

英语老师在餐厅碰上我，告诉我这样一件事情：英语课上，老师让以“want to do something ;be good at ; be good for …”等几个词组造句。结果这个男生连续在6天的课堂作业上出现这样的句子：I want to kill the old woman.I am good at killing the old woman.Killing the old woman is good for me …

因为这些，英语老师和这位初三男生一起来到我的办公室。

师：请坐。

生：谢谢老师（有点紧张）。

师：你现在上初三了，学习紧张吗？

生：紧张。

师：你平时有什么业余爱好吗？

生：没有。

师：我感觉你打篮球能不错。

生：我不会，真的不会。

师：那你会什么？

生：我什么都不会。

师：是吗？

生：是的。

师：确实是什么都不会吗？

生：是的。

师：再想想。

生：我会玩电脑。

师：哦，你会玩电脑啊。那你能做什么电脑作品吗？

生：不能。

师：那你玩什么？

生：我就是玩电脑游戏。

师：哦，知道了。你和谁生活在一起？

生：我爸爸和奶奶。

师：你妈妈呢？

生：我妈妈在我姥姥家住。

师：为什么你妈妈在你姥姥家住。

生：我爸爸和我妈妈离婚了。

师：哦，对不起。你回避问及你父母的事情吗？

生：不回避。

师：那好。奶奶和爸爸谁负责管理你生活？

生：奶奶。

师：你常和奶奶交流吗？

生：没有。根本没时间。

师：怎么没时间交流呢？

生：我回家很晚了，到家就吃饭，吃完饭奶奶让我回我屋里去写作业。

师：你写作业都是奶奶强迫你写吗？

生：差不多。

师：你有什么感受吗？

生：很烦奶奶。

师：你还烦奶奶什么？

生：奶奶总是骂我。

师：经常骂你吗？

生：经常的，天天骂。

师：你有什么感受。

生：生气、郁闷。

师：这种生气、郁闷，是不是一般的生气和郁闷呢？

生：有时候就一般的，有时候有特别生气的。

师：特别生气的时候，你有什么行为上的表现？

生：离家出走。

师：有过吗？

生：有过。但不久就回家了。

师：你还烦奶奶什么？

生：还烦她不让我和别人玩。

师：不让你和哪些人玩？

生：不让我和那些坏孩子玩。

师：那奶奶这样做对不对？

生：对。

师：那你为什么还烦奶奶管你这个呢？

生：其实那些坏孩子不都坏，他们学习不好、贪玩，但他们对我很好。

师：好，你说得很好。那老师问你那些孩子哪方面好呢？

生：反正就对我很好，他们讲义气。

师：那你具体说说这些孩子们都经常去哪里玩？他们吸烟不吸烟？他们去不去网吧？他们是不是随便乱花钱？他们是不是总在街上遛弯？

生：是的，他们都有做。

师：那你奶奶不让你接触他们，是不是有道理的呢？

生：是。

师：你知道吗？近朱者赤，近墨者黑。你接触什么样的人，你就会慢慢有他们的行为，就有他们的爱好。等到你有那些行为爱好后，改就很难了，因为那时侯，你形成了习惯。现在他们吸烟，去网吧，乱花钱，总在街上遛弯，如果你长时间地接触他们，到时候，你也这样了。

生：哦。我没想过这些。只是觉得他们对我不错。

师：他们怎么对你不错呢？能具体一下吗？

生：我跟他们借钱，他们都很痛快地借我。

师：那你用不用还他们的钱呢？

生：还啊，不还还成啊？我不占他们便宜的。

师：那奶奶和爸爸很痛快地给你钱呢，你怎么想？

生：他们对我好啊！

师：是啊，而且你奶奶和你爸爸没用你还，其实这是亲情。

生：哦。

师：你能回忆一下，记忆深刻的一件事情吗？

生：就是一次夜里送奶奶去医院。

师：你和谁？

生：我和我姑姑。

师：你的感受是什么？

生：心疼奶奶，着急、后悔。

师：为什么后悔呢？

生：觉得自己平时总让奶奶生气。

师：你很爱奶奶，对吗？

生：是的。

师：好。老师建议你，今后学会和奶奶沟通。当你和奶奶发生冲突的时候，首先你告诉奶奶你的感受，比如，你有些委屈，你有一点憋闷或者你生气了；其次，告诉奶奶怎么说，你才更好容易接受一些，比如，别让奶奶骂你，有话可以好好说。

如果你遇到外出情况，你这样和奶奶沟通：首先你告诉奶奶和谁一起玩，几点回家。同时，你还要告诉奶奶你接触的朋友都是什么样的孩子，比如他们经常做什么，去哪里玩，这样奶奶帮你识别什么好，什么不好。说清楚了，奶奶就不会骂你，或者不再更多强迫你了。

生：好的。

师：今天回去要试着和奶奶表达你的感受。这些是可以训练的。最好的训练就是每天有意识地和奶奶说说你一天的感受。比如你在学校的感受，你和同学相处的感受，你跟老师交流的感受等。现在我们总结一下：你今天从赵老师这里学到了什么？

生：学会了沟通。

师：怎么沟通，需要做到哪些呢？

生：第一告诉奶奶感受，第二告诉奶奶用什么话说更让我能接受。

师：记住了啊，不错。那你要外出呢？跟你奶奶说什么？

生：告诉奶奶和谁一起，并且告诉奶奶回家时间，同时告诉奶奶朋友的家庭情况和爱好等信息。好让奶奶放心。

师：对，需要补充说明的就是回家时间，是奶奶定，而不是你自己定。

生：好的。

师：最后，请你谈谈你今天和老师交流的感受。

生：很开心。

师：真的吗？

生：是的。绝对是真的。

师：为什么呢？

生：因为，我今天明白了很多啊，以前没有人告诉我这些，从来没有听过这些话。

师：好，老师也很开心。希望你成长快乐。我们今天谈话就到这里，好吗？

生：好的，谢谢老师。

师：不客气，再见。

辅导反思

本案例是典型的隔代教育问题。父母不在身边，奶奶又没有文化，孩子又处在青春期，认知、意识、行为与奶奶存在很大冲突。奶奶疼孙子，孙子爱奶奶，但奶奶没有教育方法，孩子又处在信息复杂，诱惑多多的时期，奶奶在莫名其妙中，与孩子生活在一起，孩子在信息爆炸时期，与这个几乎不懂现代信息的奶奶碰撞，因此很多冲突是错综复杂的。孩子需要的是正确引导，需要一些具体方法，需要一些具有可操作性的监督、交流等。奶奶因为缺少文化，需要科学方法，因此本案例还没有涉及这个男生为什么要在英语课上连续6次造出要杀死这个老太太的句子，需要做下一步工作，建议奶奶来学校，跟奶奶交流，了解更多信息，给奶奶提供一些有效的家庭教育方法和监督方式。这样才能真正帮助孩子成长，真正服务这个家庭。

其次，这种隔代教育，让我陷入深深的思考——这个问题是不是一种社会普遍现象呢？英语老师很细心注意到这样的细节，这是一个用心做教育的老师所具备的敏感。现在很多孩子，由于家庭模式不健康，不和谐，学习压力大，会在不知不觉中流露出自己内心的东西，作为班主任教师，作为心理辅导老师，我们怎么样才有这样的技能，该如何服务这样的家庭呢？

案例 15

比"扁"更好的方法是沟通

辅导过程

小民（化名），男，高一。

小民中等个子，不善言谈，面部表情单一，以前从来没有和我说过话，但今天一下课就找到了我说："老师，我想和你单独聊聊。"就这样，我们约好了一个下午的第四节自习课，对话就这样开始了。

小民：老师，我快崩溃了。

师：具体说说。

小民：我也说不好。就是觉得不痛快，难受。

师：仔细想想，一定有具体的事情让你感觉不舒服。

小民：哦，我就是看有些同学憋气。想扁他们。

师：为什么？慢慢说。

小民：我特别反感我们班上的同学。

师：能说说吗？

小民：他们学习不好，对学习不感兴趣，总是打乱老师讲课。其实我听也会，不听我下课也能补上来，就是觉得窝火。让这样的孩子进入课堂，真不是好办法。

师：通过刚才你的描述，老师感觉你是一个有责任感的孩子。

小民：哦（小民不好意思老师这么评价他。有点害羞，我当时想的是可能从来没有老师或者长辈这样认可他或者关注过他。其实这个孩子特别需要被人关注。今天来找我，或许有一部分理由就是让老师知道他是有正义感的孩子）。

师：老师这样说，你觉得有道理吗（为了证实孩子有没有这样的心理，我故意要设计下面的这个问题）？

小民：嗯，从来没有人这么说过我。

师：为何老师能这样评价你呢？

小民：不知道。

师：仔细想想。别轻易就说不知道。

小民：您是心理老师，能知道我们想什么。

师：呵呵，你以为心理老师就能知道你们想什么啊。我以前这样说过吗？

小民：没有。

师：为什么我今天才评价你呢？

小民：我今天跟您说了啊！

师：对啊。这就对了。是今天你把你的想法跟我说了，我才明白你是一个什么样的孩子。你要想让别人了解你，是不是能跟别人说出来呢？

小民：哦。

师：你再仔细想想，你看你们班个别同学生气，是一直这样生气下去，还是？

小民：那我找他们去说。

师：对啊。你不说，没有人能知道你想法的。

小民：我担心我说了，他们会故意刁难我。

师：你没有去说，怎么就知道他们会刁难你呢?

小民：我觉得他们就是那样的人，什么都不懂。

师：你不去和他们说，怎么就知道他们什么都不懂?

小民：他们就那样，改不了的。

师：或许……现在老师想问你一个问题：你今天和老师交流得如何?

小民：不错，很开心，您有亲和力。

师：那你下次还想不想和我交流了呢?

小民：想，下周我就来找您。您周三没课吧?

师：是的。我周三没课。

小民：那我周三中午来找您。

师：好。那你为什么还想再找老师交流呢?

小民：就是想和您这样的老师交流。

师：呵呵。你和老师交流，老师给你什么感受?

小民：就是，就是心平气和，和您交流很安全，特别是听您说话，对我们很好。

师：好。那老师再问问你，如何让那些你看着憋气的同学也想找你交流。

小民：哦，我想想，让我想想……啊。原来是这样啊！我知道怎么做了，老师。

师：真的知道了?

小民：真的知道了。我回去试试看。如果不理想再来找您。

师：你就记住交流才能解决问题。

小民：是的。我知道怎么做了，但我先试验一下。

师：呵呵，现在还想扁他们吗?

小民：呵呵，不想了。

辅导反思

说实话，做这样的辅导，说容易也容易，说复杂也复杂。说容易，是指这种现象普遍存在，很多孩子不会交流，遇到麻烦，张口就骂，举手就打；说复杂，需要老师有对这样问题的敏感度。当学生说出来自己一个观点——想扁他们的时候，老师要敏感地反应到，这个是学生解决问题的习惯方式。学生之所以想出这个办法——扁他们，是因为他们认为只有“打”才能真正解决问题。

这就流露出该学生解决问题的方法单一，或者反映出解决问题的一种习惯思维模式。于是老师辅导的方向就是让学生意识到解决问题的方法有很多，除了“扁”之外，还有另外一种方法，那就是交流。

交流是一种技能，是每个人以后生活和学习必须具备的技能，是社会发展的需要。因此培养孩子从现在开始树立交流的意识，也是为提高自己的交流水平和沟通能力打下基础。

案例 16

记忆是有方法的

辅导过程

小超焦急地在电话里说："老师，我实在忍受不了了，我都要疯掉了！"

师：请坐下，放松放松。想想什么让你成了这个样子？

生：我做事效率太低了。

师：你做什么事情效率低了？

生：班主任让我当班长，我总感觉管来管去，没有什么起色。

师：在你看来，班级什么状态才是你眼里的起色？

生：就是我管大家，大家要听。可是现在我管他们，他们都没人听。

师：呵呵。好，我们现在一起讨论一下你的"管"。

生：可以。

师：你要是"管"大家，你必须要具备什么？

生：我要学习好，我要以身作则。也就是让人家都服气。

师：说得很有道理，我们继续讨论。

生：好的。

师：学习好，包括会学习，其次包括学习成绩好。两者同时都具备才能算学习好。有时候学习方法不对，但是成绩还是比较稳定的，这也算是学习好吧？那你是属于哪类呢？

生：我就是那类不会学习的，成绩又不好的那类。

师：确实吗？

生：确实。所以我才忍受不了了，有快疯掉的感觉。

师：想改变吗？

生：当然想了，所以才联系您的。

师：好，那老师问你，你想改变什么？

生：我就想提高效率。

师：什么效率？

生：学习效率。

师：能具体一些吗？

生：比如我背英语单词，总是背不下来。

师：很好的问题。你每天背几个单词？

生：一个单元的。

师：大概多少个？

生：20多个吧。

师：你在什么时候背？背的程序是什么？

生：我就在早自习背。因为早自习有老师的带读或者课代表带读。

师：多长时间？

生：大概20分钟吧！

师：20分钟，你充分用了这20分钟了吗？

生：是的。

师：还是没背下来吗？

生：是的。

师：你认为背单词跟记住单词是一个意思吗？

生：哦，我还真没想过这个问题。

师：呵呵。那今天想想吧！

生：好像不是。

师：记忆活动是由感觉记忆、短时记忆、长时记忆三个相互联系的记忆系统组成。这三个记忆系统在信息的贮存时间、信息的编码方式、记忆的容量等方面都有各自不同的特点；同时，三个系统的信息加工水平是不同的，感觉记忆的信息加工水平最低，长时记忆的信息加工水平最高。信息的长期保持是在一定的条件下，将信息由感觉记忆转入短时记忆，再由短时记忆转入长时记忆。

生：那什么是感觉记忆呢?

师：通过感觉获得的信息在大脑中都要保存一个极短的时间。这就是感觉记忆，又称瞬时记忆或感觉登记。在感觉记忆中，信息保持的时间大约有 0.25 ～ 2 秒，信息的编码具有鲜明的形象性。不同内容的感觉记忆，其容量有一定的差异，例如，视觉信息的记忆容量大于听觉信息的记忆容量。一般认为感觉记忆的容量比短时记忆大。感觉记忆中保存的信息如果没有受到注意，就会很快地丧失；如果受到注意，它就进入了短时记忆系统进行保存。为什么会是这个感受？比如，有的孩子在记忆单词的时候，只看大概，不求甚解。看到第一，就说会了。等我让他默写的时候，他又不知道这 5 个字母如何排序。记忆单词，首先要读，读音要准确，可能也是短时记忆，仅仅有短时记忆是不行的，你要多读，让读音牢固在脑海中，成为你的长时记忆；其次要准确知道单词字母的排序，可能你此时是短时记忆，你要做的也是把短时记忆变成长时记忆；再后来，要把这两部分整合在一起，再由短时记忆变为长时记忆。这个学习过程才算结束，之后就是复习了。复习多了，也就是你把长时记忆牢固在脑海中。最后才是今天的提取，才是一种掌握知识的过程结束。长时记忆是对经过深入加工的信息的记忆。长时记忆保存的时间很长，可以是 1 分钟，也可以是几个小时、几天、几年，甚至是终身的。

生：啊。这么复杂的说法啊！记忆的学问还真大。

师：是的，我们以后还要了解很多关于学习的方法。

生：跟您聊这么多，我明白自己为什么效率这么低了。

师：明白什么了？

生：我明白了，我的工夫不够，记忆是需要不断重复的。而我只靠早自习的 20 分钟。其他时间没有用来记忆和复习单词，都在管理班上事物。

师：你自己思考一下，能不能找到一个方法：既能不耽误学习，又能管理好班级。

生：这个问题还真得需要考虑考虑。

师：自己回去想一想。

辅导反思

就目前高中而言，学科内容难度、深度加大，就单位课程内容讲，知识量大。这种情况不仅考验学生的学习态度，同时也考验学生的学习方法。如果没有好的、高效的学习方法，会在高中阶段产生很多困惑。如果得不到及时解决，会造成厌学情绪和行为。

本案例中小超，不仅存在学法问题，还存在对目前学习任务的目标不明确，故此造成困惑，导致自己的心态、情绪受到影响。本案例小超是第一次求助，因而本次辅导目标应为帮助小超认清记忆是有程序的，是讲究方法的。下次辅导目标确立在“我”能做什么。

案例 17

关注身边这些孩子

辅导过程

在网络上，有一个人申请加我为好友。看他信息才 18 岁，我诧异地接受了。心想，他或许是个高中生，因为我是高中教师，我对高中生的生活状态、价值观、交往观很关注，这样，我很有兴趣和这位 18 岁的好友聊上几句。他的网名叫毛毛。

毛毛：上午我们月考完，下午成绩就出来了，我一看成绩吓了一跳。六科成绩都不理想，心里不舒服。在精英班中，平常的紧张学习就令我迷茫，抓紧时间好好学习，但成绩却……老师我该怎么办啊！？

师：你在精英班里，按理说学习好，考得好，而且你也觉得能学得不错的，但是考试结果却让你大吃一惊，所以你感觉没有了面子，或者有点失去了尊严，对吗？

毛毛：是啊，在那儿本来女生就挺多，第一次月考考砸，心里很不舒服。

师：现在结果已经定了，还能改变吗？

毛毛：不能啊！世上没有卖后悔药的。

师：现在你能做什么？

毛毛：放假调整心态，重新开始！

师：开始以后呢？

毛毛：以后……持之以恒，坚持不懈，端正态度，期中再博。

师：呵呵，怎么持之以恒？请解释一下。

毛毛：持之以恒……上课认真听讲，下课认真做练习，不会就问，还要打好基础知识……

师：你想想，你的回答是持之以恒吗？

毛毛：持之以恒是一种态度，不能具体来指什么，是一种学习态度。应该是一种态度，对吗，老师？

师：不完全。你再思考一下。

毛毛：面对挫折，一如既往，不会因此而过度悲伤。

师：还不完全。要围绕你的困惑思考。

毛毛：要有学习的滚滚动力，对自己充满信心。

师：这个答案还是没有回答什么是持之以恒。你的回答是知道做什么，但不是持之以恒，持之以恒就是要坚持。

毛毛：坚持？

师：是每天都要这样做，无论遇到什么干扰，你都能做到专心听讲。你本该考出好成绩，但为什么结果却让你吃惊？只因为你没有找到重要的环节，是你根本没有脚踏实地坚持做每天该做的事情。

毛毛：嗯，是的。

师：你的老师没有提醒你吗？

毛毛：提醒了，只是没在意……

师：告诉你方法了吗？

毛毛：老师说，我数学不好，让我补数学，我努力地学了，数学考了 136，但还是没有其他同学考得好。政治和历史，知识点比较零碎，没好好听老师的。

师：好。你的数学不好，是和自己比出来的，还是和别人比出来的。

毛毛：都有，数学上学期都没考及格过，这次考试虽然及格了，但和其他同学比还是相差很远。

师：那么你和自己比，进步了吗？

毛毛：嗯。进步很大。但我觉得试题太简单了。

师：你觉得简单才得高分的，对吗？

毛毛：在这点上我很迷茫，很没底。

师：你分析试卷了吗？

毛毛：我只看了分数，没见试卷。

师：那你怎么说是题太简单了才得的高分？

毛毛：自己下意识的感觉。

师：是你下意识，而不是你确实分析试卷了。对吗？

毛毛：嗯。

师：好。建议你明天分析一下再重新下结论。如何？

毛毛：嗯。

师：还有，你的成绩没有超过你的同学，对吗？

毛毛：没有，六科都没有。

师：谁规定你就该六科都要超过你同学？

毛毛：是考试后的排名。

师：是考试后的考试排名？什么意思？

毛毛：是名次，和自己好强的性格。

师：那就是说，没有人让你必须超过别人。是吧？

毛毛：嗯，是。

师：你好强是好强，好强给不了你第一名。好强给不了你超越的机会。好强给不了你超越的可能。因此，好强不是你就能超越别人的理由。理解了吗?

毛毛：能，给我很多启发，真学实干才能出成绩。

师：说得很好。到现在，我想你该知道怎么做了，你也清楚持之以恒的含义了。

毛毛：我明白了，谢谢老师指点。

师：不知道你现在的心情好些了没有，上述过程，都是心理辅导技术的实施过程。

毛毛：嗯，老师你能听我说一点我的奢望吗 ?

师：能啊，请。

毛毛：你能陪我一起走到高考结束吗?

师：可以啊。我怎么陪你呢?

毛毛：和您说话，我向您倾诉我的一些烦恼，一些难言之隐，您能给我以启迪和指点。帮我排忧解难。

师：好的。谢谢你对我的信任。

毛毛：老师，你和我妈妈差不多大，我妈 42 岁了。

师：我比你妈妈还大几岁。

毛毛：嗯。

师：你妈妈对你好吗?

毛毛：我想他们。

师：你住校，对吗? 多久回家一次? 你想你父母，是吗?

毛毛：老师，您听我说。

师：好。

毛毛：我爸妈在北京的菜地种菜，2007 年因为上学我回到河南。

师：啊，你爸爸妈妈都在北京啊。

毛毛：嗯。

师：你 2007 年回河南了？

毛毛：是啊。

师：那 2007 年以前你在哪里读书？

毛毛：×× 二小。

师：河南还有什么亲人？

毛毛：只有奶奶一个人。

师：你现在住校吗？

毛毛：嗯。

师：那你多久见奶奶一次？

毛毛：别人都希望放假，我正好与他们相反，因为家里拘束，奶奶在姑姑家，不到特殊假日，我都不想回家。

师：理解你。现在你在学校过得好吗？你几岁来的某区？

毛毛：我一出生就在北京，13 年基本没回过河南。

师：13 年，你一直没离开过父母，对吗？

毛毛：3 年级在某区，是。

师：3 年级在某区哪所学校。

毛毛：×× 二小 。

师：4 年级就回河南了吗。

毛毛：6 年级回的河南。

师：4 年级在哪里读书的？

毛毛：3 ～ 6 年级都在 ×× 二小。

师：2 年级以前在哪里读书？

毛毛：在北京，因为我爸种地。

师：理解你。家里还有其他兄弟姐妹吗？

毛毛：还有一个哥哥读高三，今年一过，就剩我了。老师，你知道过中秋我是啥滋味吗？

师：能想象出来你的感受。

毛毛：人家家长来送吃送喝，就我没有，虽然长大了，但……不谈这些了。

师：理解，能感觉到你的内心感受。好。你现在在哪里？学校怎么能上网呢？

毛毛：在同学家，他家人出去了，就剩我和他了，他先睡了，我玩会也睡。

师：好。你有话可以在这里留言的。

毛毛：哪里啊？

师：平时不要上网，或者51，哪里都可以。我没有特殊情况就在线的。

毛毛：嗯，上学时间我不会上网的。

师：好孩子。

毛毛：时间不早了，老师我睡了，您也早点睡！老师再见！

辅导反思

面对一个陌生的孩子，我不知道他的很多信息，但通过交流，我慢慢了解了孩子的成长轨迹和孩子的性格。在这个对话过程中，我主要是倾听、引导、追问、反问。孩子在这些过程中，梳理自己的思维和认知，重新感受生活，使孩子内心获得一种释然和满足。

孩子在和我交流的同时，其实是在体验用母亲那样的关注和力量，这种力量是孩子渴望的，是孩子梦寐以求的。这种力量是孩子安全的港湾。

从和孩子交流的过程看，我越发感觉到如今的孩子面临很多挑战。从而想到了孩子在成长过程中，是多么需要安全体贴幸福这样一种空间。孩子内心可能永远不被父母知道，但是我却知道了。他对我的信任，让我更感受到了作为教师的使命和责任。

呼吁，让我们人人关注身边的那些父母不在身边的孩子们吧！

很多孩子在面对学习问题的时候，不管有没有因果关系，都能说出几条原因来给父母和老师听。本案例的毛毛就是其中之一。他自己的成绩没有考好，问他原因，他说得条条是道。但是怎么样才能不出现考不好的现象，关键在哪里，又说不清楚，只是大概其要努力，要上课专心听讲，具体怎么努力，怎么专心听讲，很多孩子思考不到这个环节，这也是我们很多家长和老师在教育孩子的问题上走进的怪圈。

辅导老师要追问，要通过追问，让孩子思考，要让孩子在思考中慢慢澄清问题症结所在——那就是可操作的，具体的方法：做好每堂课的笔记，专心致志听每节课，认真做好每道题，不会就立即问老师等具体可行的，并引导学生得出这样的结论：一天做好是不够的，需要长期坚持才能实现考好的目标，才能真正超越别人。

本案例还有一个显著的问题，毛毛需要亲情的关怀，需要家庭系统的支持。在孩子成长过程中，家庭的力量是不可忽视的。辅导老师和班主任要关注这类孩子的内心需求，给他们理解、关怀和体贴，让孩子找到前行的力量。有些孩子不想让父母知道自己内心，那我们辅导老师、班主任或者是任课教师就做孩子的一个倾听者吧。

案例 18

习惯了的"因果关系"

辅导过程

小齐（化名），女，学习很努力，平日不爱说话，这天走进办公室，讲述了自己的困惑。

生：我的日记被偷看了，我再也不写日记了。

师：日记什么时候被偷看了？

生：中午上学期间。

师：你确定有人看你日记了吗？

生：确定了。

师：你想想怎么让日记不被偷看。

生：不写了别人就不偷看了。

师：你这样认为啊。

生：是的。

师：那老师问你，要是你钱被偷了，你就不花钱了吗？

生：啊！不会啊。那我还是要花钱的。

师：那你刚才说日记被偷看了，就不写了。不是和钱被偷一样的道理吗？

生：还真是，我真没想过这个问题。这下我明白了。

师：你明白什么了？

生：就是我还要写日记的。

师：你写日记万一又被人偷看了呢？

生：我把日记放到一个别的地方。

师：那万一还被偷看了呢。

生：我再换个地方。

师：你要换多少个地方呢？

生：是啊。

师：呵呵。其实日记被偷看，是你没有管理好日记。一个人必须把自己的东西保管好。

生：是的，我明白了，在自己。

师：是啊。你说你日记被偷看，然后就不写日记了，其实日记被偷看不是因为你写日记，而是因为你没有保管好日记。你错误地理解为，因为写了日记，才被偷看的。生活中很多这样的例子。比如：你上次来我这里的时候，你说“我改变了，可是同学还是对我这个样子”，所以你说你不想再改了。现在咱们分析你这句话问题在哪里。你认为改变你身上的缺点完全是为了别人而改，所以你说，别人对你还是老样子，你不想再改了。可是事实上是这样一个规律，你改变了，大家还没有感觉到你改变，所以大家还像从前一样待你，只是你认为你改变了。这种改变或许很微小，只是你认为你改了，别人就该改变对你的态度。这个是在用你的感觉认知来衡量别人的行为。班主任以前和你聊过吗？

生：有的说过，有的没说过。

师：那现在你能明白其中的道理了吗？

生：明白多了。

师：那好。回去继续试着改变自己。

生：好的。

辅导反思

通过和孩子们多次交流，让我想到了辅导学生的技能是灵活的。在严格的辅导要求上，要了解更多的相关信息，包括父母遗传，家族史，童年成长经历，还有家族成员间的关系模式、同伴关系、邻里关系。而有些问题的解决无需很多相关知识。比如本案例中的小律同学，她直接跟我表露的是“日记被别人偷看了，我再也不写日记了”，这样的问题可以直接顺着孩子的这个问题追问下去，用巧妙的比喻或者例子，让孩子自己发现她陈述的语句之间的问题，从而发现自己思维上存在的问题，自然得出正确的思维、正确的认知。本案例小律同学，在我说到你的钱被偷掉后，你就不再花钱了吗？自然得出否定回答。从而引导她得出写日记跟被偷看，没有因果关系，日记被偷看的因由是你没保管好日记。要想不被人发现日记，就把日记放好。

其实对话是一种智慧，对话是有技巧的，对话更是一种艺术，对话的过程就是教师智慧大放异彩的过程。

结合自己的工作实践，我发现师生对话是有技巧的，掌握了这些技巧，对话就没有那么难了。

如果您有与别人沟通的愿望，如果您想与您的朋友、与您的同事增进感情的话，如果您愿意帮助您身边的朋友解决问题的话，如果您愿意通过用谈话的方式解决问题的话，掌握了这些技巧，您工作起来，沟通起来就轻松多了。

这些技巧是了解对话人物，方法有：直接切入法、追问法、比较法、一念之转法、分析法、替代法、停顿法、黄金法则、焦点解决法、顺序法等。

掌握了一种对话技术，会让师生的关系和谐默契，会让我们师生有柳暗花明的感觉，有峰回路转后的惬意，有舒服的心理感受，也会有如沐春风的心动。

案例 19

我为什么快乐不起来

辅导过程

胖胖的女生走进了我的辅导室，满脸愁容地对我说："老师，您有时间吗？我很想和您聊聊。"我立刻微笑着对她说："可以啊，老师很愿意倾听你的故事。呵呵，有个前提，要告诉老师，你和班主任请假了没有？"女生答到："早就和班主任请好假了。"

师：你需要老师在哪方面给你提供一些指导呢？

生：老师，我总快乐不起来。

师：哦。你内心的快乐是什么？能具体说说吗？

生：就是发自内心的感动，或者就是让我觉得开心的事。

师：哦，那老师问你，你觉得哪样才算是开心的事？

生：比如，我们宿舍8个人偶尔一起吃饭，一起散步，一起去教室，一起在宿舍里说话。

师：哦。你回忆回忆，你们有过这样的情景吗？

生：有。有一天我们8个人手拉手去教室。感觉那天特开心。

师：有过一起散步吗？

生：有。上周六，我们就一起散步了。

师：你的感受是什么呢？

生：也很开心。

师：是真的开心吗？

生：是的。

师：那最近一起吃饭，一起在宿舍说话有过吗？

生：有。

师：你的感受呢？

生：开心。

师：是真的吗？

生：是真的。

师：如果不一起吃饭，不一起去散步，不一起去教室，你就不开心吗？

生：也不全是。

师：为什么呢？

生：因为不可能天天这样的。

师：好。通过刚才我们的交流，老师感觉你似乎有一个方面是让你真正开心不起来的，或者说，就是这个方面总是存在，使得你真的不开心。

生：嗯。

师：你想告诉老师吗？

生：想。

师：老师会为你保密的，你不用担心这些，这个是我的工作原则。

生：谢谢老师。我感觉自己很胖，我很自卑，别人总取笑我。

师：你说你很胖，很自卑，别人总取笑你。对吗？

生：是的。

师：真的吗？

生：真的。

师：你再想想。

生：是真的。

师：哦。老师请你思考5个问题，请按顺序思考。第一，别人总都取笑我胖吗？第二，这是真的吗？第三，如果是真的，我的感受如何？第四，如果不是真的，我的感受如何？第五，别人取笑我的，确实是我的胖吗，还是别的地方？

生：我一想别人取笑我胖，我就很难受；如果别人不说我胖，我觉得心里很开心。

师：说你不胖你就开心吗？

生：是的。

师：那怎么才能不胖呢？

生：只有让自己瘦下来。

师：你确实想瘦下来吗？

生：确实。

师：瘦下来可不是一说就能实现的。

生：这个我明白。

师：那你怎么办呢？

生：我就是不知道怎么办才来找您的。

师：你少吃饭能做到吗？

生：能吧。

师：别说能吧，肯定点。

生：能。

师：根据一些养生专家所说，细嚼慢咽可以减肥。少吃，多运动减肥，少吃和多运动是同时的。你能做到这些吗？

生：细嚼慢咽，我尝试一下。少吃，我能做到。多运动，该做哪些运动呢？

师：每天和同学们跑步，下课不要总坐在那里，一有时间你就动起来，比如，课间，你提醒自己可以以运动的名义，上下楼走一圈，不要管别人怎么说你。能做到吗？另外你还可以在走路上下工夫——快速走路，收紧身体，绷直后背，挺胸抬头。你坚持一下，体验一下如何？

生：可以。

师：你可能感觉不舒服，但自己必须强化自己要减肥的意识。如果自己不胖，自己就很开心。其实老师还想和你探讨一个问题。胖就使你自卑吗？

生：是的。

师：自卑是什么感觉？

生：就是觉得没人喜欢我。

师：你知道韩红吗？

生：知道。

师：那韩红为什么有那么多粉丝呢？

生：韩红做很多公益事情，歌又唱得好。

师：那你能不能做一些事，让大家也认可你，或者你在某一方面有突出的优势?

生：我想想。

师：可以。

生：老师，我学习也不错，画画也不错。

师：那你觉得哪方面更容易展示你的优势，更能让大家对你刮目相看呢?

生：画画。我可以为班上画板报，我可以为宿舍装饰出谋划策。对了，老师，我还喜欢讲故事。

师：是吗?那你还可以在班会上或者课间给同学们讲故事啊。

生：是啊。我真没想过这些。

师：你知道讲故事有多少好处吗?

生：不知道。

师：讲故事可以提高自己的记忆力，还可以提高自己的表达力，还可以提高写作水平，还可以提高自己的逻辑思维能力和判断能力。每个故事句子之间，断落与断落之间都是有逻辑联系的啊。时间久了，还可以提高你的幽默感。

生：啊，还有这么多好处啊！老师，和你交流真开心，我豁然开朗了，我应该早来找您。我现在忽然觉得，快乐有很多，就看你自己发现不发现，去做不去做了。

辅导反思

本案例该同学感觉自己快乐不起来，乍一听，看似有很多事情困扰着她，该用心理学的合理情绪疗法 ABC 理论分析她的感受是这样产生的：A. 我很胖；B. 别人不喜欢我；而且会看不起我；别人取笑我胖；C. 我很自卑，我很难受，没有人喜欢我，我快乐不起来。

辅导老师明晰这些之后，要顺着她的感受结合 ABC 内容而谈，一个一个帮她捋顺这些环节的关系。让孩子在和老师交流中自然而然获得帮助。这需要辅导老师有一定的理论基础和把握运用辅导技巧的能力。

其次在孩子认知或者自我探索受阻的情况下，老师可以给孩子一种提醒或者建议，让孩子有一种意外的惊喜——柳暗花明又一村的收获。

案例 20

奇特的交往

辅导过程

高中男生，善于交往，朋友很多。

生：老师，前两天，我在网上认识一个女人，她 41 岁。我们聊还不超过一周，前天她课间操来咱们学校找我来了，还请我吃饭了。我把这件事情告诉了班主任，班主任不放心，怕我上当，就建议我来找您。

师：好。你把实情告诉了班主任，感觉你和班主任关系很融洽。

生：是的，我很信任她。

师：为你们师生关系感到高兴。

生：谢谢您。

师：不客气。另外，虽然是在老师的建议下，但我感觉你有自我寻求帮助的意识，真的很难得。

生：嗯。我确实很迷茫。

师：什么事让你这样迷茫呢？

生：事情是这样的。一周前，我在网上认识一个女人，41 岁。前天她课间操来咱们学校找我来了，还请我吃饭了。

师：哪里人？

生：某区。

师：她是做什么的?

生：好像在家呆着。

师：是单身还是已婚?

生：再婚。

师：她孩子多大了?

生：她没告诉我，我问她孩子多大，她不让我提起。

师：其他信息你还知道吗?

生：不太清楚了。

师：那天请你吃饭，你观察到了什么?

生：她吸烟，她还给我烟吸。

师：你拒绝了吗?

生：没有。

师：她说了什么?

生：她说吸烟没什么大不了的。

师：你有什么感受。

生：我感觉她挺好的。

师：从什么地方感觉好。

生：有一天我们聊天，我手机没钱了，我说改天再聊，话费快没了，一会的工夫她就给我充了100元，还说等寒假暑假给我请家教补习，她说她把我当作她儿子。

师：最开始她知道你身份吗?

生：知道。我告诉她了。并且告诉她，我和我父亲在一起生活，我母亲和我父亲离婚了。

师：你怎么看她给你烟吸?

生：我感觉没什么。因为我认为男孩子吸烟是早晚的事情，并且我感觉吸烟容易交朋友，很好的方式。有的时候，这个人表面看上去很难相处，但是一支烟却很快拉近我们之间的距离。

师：哦。你去同学家，家长拿烟给你们吗？

生：不让。

师：以你的经验，你的那些吸烟的伙伴是当着父母面吸烟呢还是背着父母面？

生：呵呵，都是偷着吸。

师：那这说明什么呢？

生：说明父母是不让吸烟的。

师：还有，知道学校也经常说禁止吸烟吧。为什么要禁止，还三令五申？

生：就是不让我们吸烟。

师：说明什么？是不是说明你们现在吸烟不好呢？

生：是的。

师：还有，你去邻居家串门，叔叔阿姨吸烟的时候，让你吸过烟吗？

生：没有过。

师：说明什么？

生：说明我们不该吸烟。

师：她也是一个阿姨，按理说，她不应该支持你吸烟，相反还要在你吸烟的时候制止你。她不但没制止，还给你让你烟吸。这个行为不应该是她这个年龄人做的。你仔细想想有没有不妥之处，她这个人的背后是不是有很多为什么？

生：是的。我感觉她很神秘。

师：还有，她知道你高二，关键时期。她总是给你发短信，这个不影响你学习吗？要是我的话，我首先想到的是你的学习，如果我总是发短信给你，我就会有内疚之感。即使我很想你，我也要克制自己，把这份情感埋藏心底，等你考上大学表白也不迟啊！

生：是的。有道理。

师：刚才我听你说到，吸烟没什么，而且还是交友的好方式。

生：是的，我一直这样认为。

师：呵呵。你仔细想想，唱歌、聊天、打球、学习、看书，都是交友的方式。

生：的确是这样的啊，但我确实感觉吸烟交友快。

师：你交朋友为的是快吗？你交的朋友如果对你不利，即使快，又有何意呢？再有，吸烟交的朋友未必是你真正需要的朋友啊！

生：是的。

师：对了，这周你们放假，估计这个人会要你放假去找她。

生：真的让我去找她的，还说让我住在她那里一个晚上。

师：噢？那你有何打算？

生：我想找一个朋友和我一起去。

师：你那边一点都不了解，还找一个人和你一起去，会不会把事情闹大？真要是不妙的话，那可不是你一个人的问题，还要牵扯很多人和事情。

生：我们没什么，我们去人多的地方，人多她也不敢怎么样。

师：你以为人多就安全吗？人多恰恰也是让人放松警惕的地方。你看看电影，枪击案大多在酒会上，或者电影院，或者是游行的街头。

生：真的啊！我怎么没想到呢？

师：你看呢？

生：对了，中午我上线的时候，和她打招呼，对方说不是她本人，说是他男朋友，而且现在在给她看家。

师：你觉得这些事情先后有没有可疑的地方？

生：觉得可疑。可是我还是想去找她。

师：如果你想找她去，你先设想一下有几种可能，这几种可能你能否应对？

生：是啊。

师：老师想听听你几种可能。

生：（沉默片刻）可能被打一顿，可能被绑架，可能……老师，我觉得我还是不去了。太可怕了……

辅导反思

本案例是由虚拟走进现实交往的一种，很复杂。一时理不清什么头绪，要引领孩子思考，在引领中传递这样一个信息：人际交往可有很多方面，多种因素，要分清你的交往界线，要在交往中学会听，学会捕捉信息，学会分析，学会判断，学会选择。交往是人生的主要课题之一，在如今社会，需要我们谨小慎微，交良师益友，因为，交往将影响你的人生方向。

本案例，辅导老师没有给出具体结果，但和孩子交流中，辅导老师一直引领孩子思考，当孩子说到："老师，我觉得我还是不去了，太可怕了……"这就是辅导中孩子内心感受到认知变化的过程体现。恰恰是心理辅导的本质所在。

后记

理解对话

在传统师生关系中，主体“师”与客体“生”的关系，是一层上对下的关系。而现在的师生对话，是主体“师”与主体“生”之间的交往关系。师生对话可以看作是人与人关系的传递，也是人与人感情的互动，更是人与人交往的核心。

在对话中，师生之间的“我”与“你”的关系是真正的“对话”关系。这种关系强调的是师生双方在对话中理解、支持、认可、尊重等，是真正意义上的引领，是真正意义上的共生。

在学校，教学活动本身就是教师和学生的一种对话。每天发生在师生身上的对话举不胜举。按照一位名人的泛对话理论：“教师与学生这些生活的主人公们，内心始终存在着两个以上的声音，正是这两个或多个声音的争论促成了其内部纵深的对话世界。对话昭示着主人公的生存状态。他的生活、他的思想、他的情感与思维，全都在对话中得到表达。对话，就是主人公同自己、同他人、同自然对话。”

践行对话

我爱教育，爱教师这个职业，更爱我的工作岗位，也更爱我的学生！要爱学生，就要尊重学生，要尊重学生，就要会跟他们对话。

每当跟学生对话的时候，就是我与学生心灵契合的时候，也是我智慧凸显的时候，更是我工作激情被点燃的时候。

每次“对话”，学生传递给我很多信息，让我瞬间与我潜意识里，或者说骨子里纯朴的、真诚的本性连接起来。从此，我的心灵与孩子们的心灵步入一个和谐的轨道，让我们师生彼此享受着被信任与被尊重的情感共振。这瞬间好舒服，好惬意！

一场顺畅的师生“对话”，是师生彼此相互滋润的过程，谁说只有老师可以给学生希望与成长，我要说：学生们照样可以给老师带来激情与力量！

在“对话”中，自信取代了自卑，真诚友善取代了怀疑武断，谦虚温和赶走了当初的紧张和设防——孩子们走出了不好说、不能说、不敢说、不会说的禁区。

几年的“对话”，让我感受到对话的魅力，也验证并延伸着学生对我的信任与厚爱，我深深体会到了会“对话”是一件多么幸福的事！

对话注意事项

在与学生对话之前，有很多值得我们去做的工作。其中最主要的就是建立和谐关系。建立和谐关系需要思考如下问题：

第一，我思我引

1. 要了解他们的需求。要知道天底下影响他人的一种重要方法是知道对方需要什么，然后引领他们怎么去获得他们想要的。

2. 设身处地作为他们，也就是成为他们的角色，然后给出一系列途径和方向，或者可以和他们一起尝试。

3. 如果当事人不想去做本来是有助于解决他们问题的事情，那我们辅导老师要敏感地转头，明智地自问：我该怎么使他们很顺利地去做这样的事?

4. 如果当事人根本不接受你的观点和建议，那我们就可以直接但要委婉地反问他们：很好，那请你说说你的设想和步骤，我会和你一起探讨这种方案的有效性。

5. 如果当事人思绪不清，说不出自己的问题所在，那我们可以直接且善意的询问：认真想想，是不是有一件事困扰着你。

6. 如果当事人总是固执一个念头无法改变，我们可以温和地“追问”说：这是真的吗？这确实是真的吗?

第二，见面用语

1. 对于初次来咨询的学生，一见面的时候要说：“很高兴见到你，请坐。”

2. “你好，请坐到这里来好吗？”

3. “你看上去很漂亮。”

4. “你坐下来。”

5. “哪些方面需要帮助呢？”

6. “今天你穿的衣服很漂亮啊！”

第三，询问用语

1. 能否说说你现在的感受。

2. 你怎么看“……这件事情？”

3. 最近你都看到了哪些现象？

4. 要是你亲自解决的话，你会想到哪些方法？

5. 你是如何忍下这口气的？

6. 如果你心烦，你能否有好的对自己有利的方法？

第四，注意姿态

1. 目光要亲切。

2. 坐姿要放松。

3. 适当地点头。

4. 必要时，握握孩子的手。

5. 帮孩子倒杯水。

6. 给孩子递纸巾。

第五，学会保护

1. 不要直接问隐私问题。

2. 不要逼问。

3. 不要当着其他人交流。

4. 不要自己总说。

5. 不要就事论事。

6. 不要轻易定论。

这个时代，关键不是你站在什么地方，而是你朝哪个方向走；这个时代，关键不是你说多少话，而是你要会说话。

作者简介

赵立平，女，1967年3月生，毕业于首都师范大学政法专业，北京教育学院英语专业。现任北京四中顺义分校专职心理辅导员，北京市顺义区教育研究中学心理学科兼职教研员，北京市顺义区教育心理资讯中心心理中级辅导员，北京心理卫生协会学校心理卫生委员会委员，郑日昌教授名师工作室委员。从教21年，曾获得第五届全国中小学心理健康教育“优秀工作者”，第十六届北京市紫禁杯“优秀班主任”，北京市顺义区优秀青年教师及心理骨干教师等荣誉称号。

主讲专题包括：《青年心理发展特点及辅导策略》《班级管理中的师生情感沟通》《心理学在学科教学中的运用》《有为才有位》《心理活动课设计与实施技巧》《班主任把握好起始年级的四个转型》《学校心理健康教育实施策略》《积极心理学在班级管理中的应用》。

近年来致力于“师生对话技巧”、“个案心理辅导技能技巧”、“家长与孩子对话技巧”的研究；“生涯教育”、“心理活动课程设计”等校本课程的研发。